浙江省新型重点专业智库杭州国际城市学研究中心
浙江省城市治理研究中心成果

王国平　总主编

世界文化遗产
与古都现代化转型

——第八届"两宋论坛"研究成果报告集

杭州国际城市学研究中心（杭州研究院）
杭州南宋文化研究院　　编

浙江大学出版社

《南宋全书》序

王国平

  2007 年 12 月 22 日，举世瞩目的我国南宋商船"南海一号"在广东阳江海域打捞出水。根据探测情况估计，整船金、银、铜、铁、瓷器等文物可能达到 6 万—8 万件，据说皆为稀世珍宝。迄今为止，除了中国，全世界都未曾发现过如此巨大的千年古船。"南海一号"的发现，在世界航海史上堪称一大奇迹，也填补了南宋海上"丝绸之路"历史的一些空白。[1] 不少专家认为"南海一号"的价值和影响力将不亚于西安秦始皇兵马俑。这艘沉船虽然出现在广东海域，但反映了整个南宋经济、文化的繁荣，标志着南宋社会的开放，也表明当时南宋引领着世界经济的发展。作为南宋政治、经济、文化、科技中心的都城临安（浙江杭州），则是南宋社会繁华与开放的代表。从某种意义上讲，没有以临安为代表的南宋的繁荣与开放，就不会有今

---

[1] 见《"南海一号"成功出水》一文，载《人民日报》2007 年 12 月 23 日。

日"南海一号"的发现；而"南海一号"的发现，也为我们重新审视与评价南宋，带来了最好的注解、最硬的实证。

提起南宋，往往众说纷纭，莫衷一是。长期以来，不少人把"山外青山楼外楼，西湖歌舞几时休？暖风熏得游人醉，直把杭州作汴州"[1]这首曾写在临安城一家旅店墙上的诗，当作当时南宋王朝的真实写照。虽然近现代已有海内外学者开始重新认识南宋，但相当一部分人仍认为南宋军事上妥协投降、苟且偷安，政治上腐败成风、奸相专权，经济上积贫积弱、民不聊生，生活上纸醉金迷、纵情声色，总之，把南宋王朝视为一个只图享受、不思进取的偏安小朝廷。导致这种历史误解的原因，在很大程度上是出于人们对患有"恐金病"的宋高宗和权相秦桧一伙倒行逆施的义愤，这是可以理解的。但是，我们决不能坐在历史的成见之上人云亦云。只要我们以对历史负责、对时代负责、对未来负责的精神和科学求实的态度，以科学发展观为指导，对南宋进行全面、深入、系统的研究，将南宋放到当时的历史发展阶段中，放到中国社会发展的历史长河中，放到整个世界的文明进程中考察，就不难发现南宋在经济政治、思想文化、科学技术、国计民生等方面所取得的成就，就不难发现南宋对中华文明产生的巨大影响，以此对南宋做出科学、客观、公正的评价，"还原一个真实的

---

[1]（南宋）林升：《题临安邸》，转引自田汝成：《西湖游览志余》卷二《帝王都会》，上海古籍出版社1980年版，第14页。

南宋"。

宋钦宗靖康元年（1126）闰十一月，金军攻陷北宋京城开封。次年三月，金军俘徽、钦二帝北去，北宋灭亡。同年五月，宋徽宗第九子、钦宗之弟赵构，在应天府（河南商丘）即位，是为高宗，改元建炎，重建赵宋王朝。建炎三年（1129）二月，高宗来到杭州，改州治为行宫，七月升杭州为临安府。此时起，杭州实际上已成为南宋的都城。绍兴八年（1138），南宋宣布临安府为"行在所"，正式定都临安。自建炎元年（1127）赵构重建宋室，至祥兴二年（1279）帝昺蹈海灭亡，历时153年，史称"南宋"。

我们认为，研究与评价南宋，不应当仅仅以王朝政权的强弱为依据，而应当坚持"以人为本"理念，以人们生存与生活状态的改善作为社会进步的根本标准。许多人评价南宋，往往把南宋朝廷作为对象，我们认为所谓"南宋"，不仅仅是一个历史王朝的称谓，而主要是指一个特定的历史阶段和历史时期。在马克思主义看来，历史的进步是社会发展和人的发展相统一的过程，"人们的社会历史始终只是他们的个体发展的历史"[1]，未来理想社会"以每个人的全面而自由的发展为基本原则"。[2]人是社会发展的主体，人的自由与全面发展是社会进步的最高目标。这就要坚持"以人为本"的科学发展观，将人的生存与全面发展

[1]《马克思恩格斯选集》第4卷，人民出版社1995年版，第321页。
[2]《马克思恩格斯选集》第23卷，人民出版社1995年版，第649页。

作为评价一个历史阶段的根本依据。南宋时期，虽说尚处在中国封建社会的中期，人的自由与发展受到封建集权思想与皇权统治的严重束缚，但南宋与宋代以前漫长的封建历史时期相比，这一时期出现的对人的生存与生活的关注度以及南宋人的生活质量和创造活力达到的高度都是前所未有的。

研究与评价南宋，不应当仅仅以军事力量的大小作为评价依据，而应当还以其社会经济、文化整体状况与发展水平的高低作为重要依据。我们评判一个朝代，不仅要考察其军事力量的大小，更要看其在经济、文化、科技、社会等各方面取得的成就。两宋立国320年，虽不及汉唐、明清国土辽阔，却以在封建社会中无可比拟的繁荣和社会发展的高度，跻身于中国古代最辉煌的历史时期之列。无论文化教育的普及、文学艺术的繁荣、学术思想的活跃、科学技术的进步，还是社会生活的丰富多彩，南宋都达到了前所未有的程度，在当时世界上也都处于领先地位。著名史学家邓广铭认为"宋代的文化，在中国封建社会历史时期之内，截至明清之际西学东渐的时期为止，可以说，已经达到了登峰造极的高度"。[1]

研究与评价南宋，不能仅仅以某些研究的成果或所谓的"历史定论"为依据，而应当以其在人类文明进步中扮

---

[1] 邓广铭：《宋代文化的高度发展与宋王朝的文化政策》，《历史研究》1990年第1期。

演的角色，以及对后世的影响作为重要标准。宋朝是中国封建社会里国祚最长的朝代，也是封建文化发展最为辉煌的时期。南宋虽然国土面积只有北宋的 3/5 左右，却维持了长达 153 年（1127—1279）的统治。南宋不但对中国境内同时代的少数民族政权和周边国家产生了积极影响，而且对后世中华文化产生了巨大影响。正如近代著名思想家严复认为："中国所以成于今日现象者，为善为恶，姑不具论，而为宋人所造就，什八九可断言也。"[1] 近代史学大师陈寅恪先生也曾经指出："华夏民族之文化，历数千载之演进，造极于赵宋之世。"[2] 因此，我们既要看到南宋王朝负面的影响，更要充分肯定南宋的历史地位与历史影响，只有这样，才能"还原一个真实的南宋"。

一、在政治上，不但要看到南宋王朝外患深重、苟且偷安的一面，更要看到爱国志士精忠报国、南宋政权注重内治的一面

南宋时期民族矛盾异常尖锐，外患严重之至，前期受到北方金朝的军事讹诈和骚扰掠夺，后期又受到蒙元的野蛮侵略。这些矛盾长期威胁着南宋政权的生存与发展。在

---

[1] 严复：《严几道与熊纯如书札节钞》，江苏古籍出版社 1999 年影印本，载《学衡》第 13 期。

[2]《陈寅恪先生文集》第 2 卷，上海古籍出版社 1980 年版，第 245 页。

此情形下，南宋初期朝廷中以宋高宗为首的主和派，积极议和，向女真贵族纳贡称臣。南宋王朝确实存在消极抗战、苟且偷安的一面，但也要承认南宋王朝大多君王始终怀有收复中原的愿望。南宋将杭州作为"行在所"，视作"临安"而非"长安"，也表现了南宋统治集团不忘收复中原的意愿。我们更应该看到南宋153年中，涌现了以岳飞、文天祥两位彪炳青史的"民族英雄"为代表的一大批爱国将领和数百名爱国仁人志士。这是中国古代任何一个朝代都难以比拟的。

同时，南宋政权也十分注重内治，在加强中央集权制度，推行"崇尚文治"政策，倡导科举不分门第等方面均有重大建树。其主要表现在以下几方面。

1. 从军事斗争上看，南宋是造就爱国志士、民族英雄的时代

南宋王朝长期处于外族入侵的严重威胁，为此南宋军民进行了100多年艰苦卓绝的抵抗斗争，涌现了无数气壮山河、可歌可泣的爱国事迹和民族英雄。因而，南宋是面对强敌、英勇抗争的时代。众所周知，金朝是中国历史上继匈奴、突厥、契丹以后一个十分强大的少数民族政权，并非昔日汉唐时期的匈奴、突厥与之后明清时期的蒙古可比。金军先后灭亡了辽朝和北宋，南侵之势简直锐不可当，但南宋军民浴血奋战，虽屡经挫折，终于抵挡住了南侵金军一次又一次的进攻，使南宋在外患深重的困境中站稳了

脚跟。在持久的宋金战争中，南宋的军事力量不但没有削弱，反而逐渐壮大起来。南宋后期的蒙元军队则更为强大，竟然以 20 年左右的时间横扫欧亚大陆，使全世界都谈"蒙"色变。南宋的军事力量尽管相对弱小，又面对当时世界上最为强大的蒙元军队，但广大军民同仇敌忾，顽强抵抗了整整 45 年之久，这不能不说是世界抗击蒙元战争史上的一个奇迹。[1]

南宋是呼唤英雄、造就英雄的时代。在旷日持久的宋金战争中，造就了以宗泽、韩世忠、岳飞、刘锜、吴玠吴璘兄弟为代表的一批南宋爱国将领。特别是民族英雄岳飞率领的岳家军，更使金军闻风丧胆。在南宋抗击蒙元的悲壮战争中，前有孟珙、王坚等杰出爱国将领，后有文天祥、谢枋得、陆秀夫、张世杰等抗元英雄。其中民族英雄文天祥领导的抗元斗争，更是可歌可泣，彪炳史册。

南宋是激发爱国热忱、孕育仁人志士的时代。仅《宋史·忠义列传》就收录有爱国志士 277 人，其中大部分是南宋人。[2]南宋初期，宗泽力主抗金，并屡败金兵，因不能收复北宋失地而死不瞑目，临终时连呼 3 次"过河"；洪皓出使金朝，被流放冷山，历尽艰辛，终不屈服，被比作宋代的苏武；陆游"死去元知万事空，但悲不见九州同"

---

[1] 参见何忠礼《论南宋定都杭州对当地经济文化的重大影响》，载《杭州研究》2007 年第 2 期。

[2] 俞兆鹏：《南宋人才之盛及其原因》，载《杭州日报》2005 年 11 月 14 日。

的诗句，表达了他渴望祖国统一的遗愿；辛弃疾的词则抒发了盼望祖国统一和反对主和误国的激情。因此，我们认为，南宋不但是造就民族英雄的时代，也是孕育爱国政治家、军事家、文学家和思想家的沃土。

2. 从政治制度上看，南宋是宋代继续加强中央集权、"干强枝弱"的时期

宋朝在建国之初，鉴于前朝藩镇割据、皇权削弱的经验教训，通过采取"强干弱枝"政策，不断加强中央集权统治。这一政策在南宋时得到了进一步强化。北宋王朝在中央权力上，实行军政、民政、财政"三权分立"，削弱宰相的权力与地位；在地方权力上，中央派遣知州、知县等地方官，将原节度使兼领的"支郡"收归中央直接管辖；在官僚机构上，实行官（官品）、职（头衔）、差遣（实权）三者分离制度；在财权上，设置转运使掌管各路财赋，将原藩镇把持的地方财权收归中央；在司法权上，设置县尉一职，将方镇节度使掌握的地方司法权收归中央；在军权上，实行禁军"三衙分掌"，使握兵权与调兵权分离、兵与将分离，将各州军权牢牢地控制在中央手里，从而加强了中央对政权、财权、军权等方面的全面控制。南宋继承了北宋加强中央集权的这一系列措施，为维护国家内部统一、社会稳定和经济发展提供了良好的国内环境。尽管多次出现权相政治，但皇权仍旧稳定如故。

3. 从用人制度上看，南宋是所谓"皇帝与士大夫共治天

下”的时代

两宋统治集团始终崇尚文治，尊重知识分子，重用文臣，提倡教育和养士，优待知识分子。与秦代“焚书坑儒”、汉代“罢黜百家”、明清“文字狱”相比，两宋时期可谓封建社会思想文化环境最为宽松的时期，客观上对经济、社会、文化发展起到了积极的促进作用。[1]

推行“崇尚文治”政策。宋王朝对文人士大夫采取了较为宽松宽容的态度，“欲以文化成天下”，对士大夫待之以礼、“不得杀士大夫及上书言事人”[2]，确立了“兴文教，抑武事”[3]的“崇文抑武”大政方针。两宋政权将“右文”定为国策。在这种政治氛围下，知识分子的思想十分活跃，参政议政的热情空前高涨，在一定程度上出现了“皇帝与士大夫共治天下”的局面，从而有力地推动了宋代思想、学术、文化的大发展。正由于两宋重用文士、优待文士，不杀文臣，因而南宋时常有正直大臣敢于上疏直谏，甚至批评朝政乃至皇帝的缺点，这与隋唐、明清时期动辄诛杀士大夫的政治状况大不相同。

采取“寒门入仕”政策。为了吸收不同阶层的知识分子参加政权，两宋对选才用人的科举制度进行了改革，消

---

[1] 参见郭学信《试论两宋文化发展的历史特色》，载《江西社会科学》2003年第5期。

[2] 陶宗仪：《说郛》卷三九上，文渊阁《四库全书》本。

[3] 李焘：《续资治通鉴长编》卷一八，“太平兴国二年正月丙寅”条，中华书局2004年版，第392页。

除了魏晋以来士族门阀造成的影响。两宋科举取士几乎面向社会各个阶层，再加上科举取士的名额不断增加，在社会各阶层中形成了"学而优则仕"之风。南宋时期，取士更不受出身门第的限制，只要不是重刑罪犯，即使工商、杂类、僧道、农民，甚至是杀猪宰牛的屠户，都可以应试授官。南宋的科举登第者多数为平民，如在宝祐四年（1256）登科的601名进士中，平民出身者就占了70%。[1]

二、在经济上，不但要看到南宋连年岁贡不断、赋税沉重的状况，更要看到整个南宋生产发展、经济繁荣的一面

人们历来有一种误解，认为南宋从立国之日起，就存在着从北宋带来的"积贫积弱"老毛病。确实，南宋王朝由于长期处于前金后蒙的威胁之下，迫使其不得不以加强皇权统治作为核心利益，在对外关系上，以牺牲本国的经济利益为代价，采取称臣、割地、赔款等手段来换取王朝政权的安定。正因为庞大的兵力和连年向金朝贡，加重了南宋王朝财政负担和民众经济负担，也一定程度上影响了南宋的经济发展。但在另一方面，我们更应当看到，南宋时期，由于北方人口的大量南下，给南宋的经济发展带来

---

[1] 俞兆鹏：《南宋人才之盛及其原因》，载《杭州日报》2005 年 11 月 14 日。

了充足的劳动力、先进的生产技术和丰富的生产经验，再加上统治者出台一些积极措施，南宋在农业、手工业、商业、外贸等方面都取得了突出成就。南宋经济繁荣主要体现在：

1. 从农业生产看，南宋出现了古代中国南粮北调的新格局

由于南宋政府十分注重兴修水利，并采取鼓励垦荒的措施，加上北方人口大量南移和广大农民辛勤劳动，促进了流民复业和荒地开垦。人稠地少的两浙等平原地带，垦辟了众多的水田、圩田、梯田。曾经"几无人迹"的淮南地区也出现了"田野加辟""阡陌相望"的繁荣景象。南宋时期，农作物单位面积产量比唐代提高了两三倍，总体发展水平大大超过了唐代，有学者甚至将宋代农作物单位面积产量的大幅提高称为"农业革命"。[1]"苏湖熟，天下足"的谚语就出现在南宋。[2]元初，江浙行省虽然只是元代 10 个行省中的一个，岁粮收入却占了全国的 37.10%，[3]江浙地区成了中国农业最为发达的地区，并出现了中国南粮北调的新格局。

2. 从手工业生产看，南宋达到了中国古代手工业发展

---

[1] 张邦炜：《瞻前顾后看宋代》，载《河北学刊》2006 年第 5 期。

[2]（宋）范成大：《吴郡志》卷五〇《杂志》，《宋元方志丛刊》本，中华书局 1990 年版。

[3]（元）脱脱：《元史》卷九三《食货一·税粮》，中华书局 2005 年版，第 2361 页。

的新高峰

南宋时期，随着北方手工业者大批南下和先进生产技术传入，南方的手工业生产迈上了一个新台阶。一是纺织业规模和技术都大大超过了同时代的金朝，南方自此成了中国丝织业最发达的地区。二是瓷器制造业中心从北方移至江南地区。景德镇生产的青白瓷造型优美，有"饶玉"之称；临安官窑所造青瓷极其精美，为此杭州现在官窑原址建立了官窑博物馆，将这些精美的青瓷展现给世人；龙泉青瓷达到了烧制技术的新高峰，并大量出口。三是造船业空前发展。漕船、商船、游船、渔船，数量庞大，打造奇巧，富有创造性；海船采用的多根桅杆，为前代所无；战船种类众多，功用齐全，在抗金和抗蒙元的战争中发挥了重要作用。

3. 从商业发展看，南宋开创了古代中国商品经济发展的新时代

虽然宋代主导性的经济仍然是自然经济，但由于两宋时期冲破了历朝统治者奉行的"重农抑商"观念的束缚，确立了"农商并重"的国策，采取了惠商、恤商政策措施，使社会各阶层纷纷从事商业经营，商品经济呈现划时代的发展变化，进入一个新的历史发展阶段。一是四通八达的商业网络。随着商品贸易发展，出现了临安、建康（江苏南京）、成都等全国性的著名商业大都市，当时临安已达

16 万户，人口最多时有 150 万—160 万人[1]，同时，还出现了 50 多个 10 万户以上的商业大城市，并涌现出一大批草市、墟市等定期集市和商业集镇，形成了"中心城市—市镇集市—边境贸易—海外市场"的通达商业网络。[2] 二是"市坊合一"的商业格局。两宋时期由于城市商业繁荣，冲破了长期以来作为商业贸易区的"市"与作为居民住宅区的"坊"分离的封闭式市坊制度，出现了住宅与店肆混合的"市坊合一"商业格局，街坊商家店铺林立，酒肆茶楼面街而立。从《梦粱录》和《武林旧事》的记载来看，南宋临安城内商业繁荣，甚至出现了夜市刚刚结束，早市又告兴起的繁荣景象。三是规模庞大的商品交易。南宋商品的交易量虽难考证，但从商税收入可窥见一斑。淳熙年间（1174—1189）全国正赋收入 6530 万缗，占全国总收入30% 以上。据此推测，南宋商品交易额在 20000 万缗以上。可见商品交易量之巨大。[3] 南宋商税加专卖收益超过农业

---

[1] 杨宽先生在《中国古代都城制度史》一书中认为，南宋末年咸淳年间，临安府所属九县，按户籍，主客户共三十九万一千多户，一百二十四万多口；附郭的钱塘、仁和两县主客户共十八万六千多户，四十三万二千多口，占全府人口的三分之一。宋朝的"口"是男丁数，每户平均以五人计，约九十多万人。所驻屯的军队及其家属，估计有二十万人以上，总人口当在一百二十万人左右，包括城外郊区十万人和乡村十万人。

[2] 陈杰林：《南宋商业发展：特点与成因》，载《安庆师范学院学报》2003 年第 4 期。

[3] 陈杰林：《南宋商业发展：特点与成因》，载《安庆师范学院学报》2003 年第 4 期。

税的收入，改变了宋以前历代王朝农业税赋占主要地位的局面。

4. 从海外贸易看，南宋开辟了古代中国东西方交流的新纪元

两宋期间，由于陆上"丝绸之路"隔断，东南方向海路成为海上对外贸易的唯一通道，海外贸易成为中外经济文化交流的主要通道。南宋海外贸易繁荣表现在：一是对外贸易港口众多。广州、泉州、临安、明州（浙江宁波）等大型海港相继兴起，与外洋通商的港口已近20个，还兴起了一大批港口城镇，形成了北起淮南、东海，中经杭州湾和福、漳、泉金三角，南到广州湾和琼州海峡的南宋万余里海岸线上全面开放的新格局。这种盛况不仅唐代未见，就是明清亦未能再现。[1]二是贸易范围大为扩展。宋前，与我国通商的海外国家和地区约20个，主要集中在中南半岛和印尼群岛，而与南宋有外贸关系的国家和地区增至60个以上，范围从南洋（今南海）、西洋（今印度洋）直至波斯湾、地中海和东非海岸。三是出口商品附加值高。宋代不但外贸范围扩大、出口商品数量增加，而且进口商品以原材料与初级制品为主，而出口商品则以手工业制成品为主，附加值高。用附加值高的制成品交换附加值低的初级产品，

---

[1] 葛金芳：《南宋：走向开放型市场的重大转折》，载《杭州研究》2007年第2期。

表明宋代外向型经济在发展程度上高于其外贸伙伴。[1]

三、在文化上，不但要看到封闭保守、颓废安逸的一面，更要看到南宋"百家争鸣、百花齐放"的繁荣局面

由于以宋高宗为首的妥协派大多患有"恐金病"，加之南宋要想收复北方失地在军事上和经济上确实存在着许多困难，收复中原失地的战争，也几度受到挫折，因此在南宋统治集团中，往往笼罩着悲观失望、颓废偷安的情绪。一些皇亲贵族，只要不是兵荒马乱，就热衷于享受山水之乐和口腹之欲，出现了软弱不争、贪图享受、胸无大志、意志消沉的"颓唐之风"。反映在一些文人士大夫的文化生活中，就是"一勺西湖水。渡江来、百年歌舞，百年酣醉"的华丽浮靡之风。但是，这并不能掩盖两宋文化的历史地位与影响。宋代是中国古代文化最为光辉灿烂的时期之一。近代的中国文化，其实皆脱胎于两宋文化。著名史学家邓广铭认为："宋代文化发展所能达到的高度，在从十世纪后半期到十三世纪中叶这一历史时期内，是居于全世界的领先地位的。"[2]日本学者则将宋代称为"东方的文艺复兴时

---

[1] 葛金芳：《南宋：走向开放型市场的重大转折》，载《杭州研究》2007年第2期。

[2] 邓广铭：《国际宋史研讨会开幕词》，载《国际宋史研讨论文选集》，河北大学出版社1992年版，第1页。

代"。[1] 著名华裔学者刘子健认为："此后中国近八百年来的文化，是以南宋文化为模式，以江浙一带为重点，形成了更加富有中国气派、中国风格的文化。"[2]

1. 南宋是古代中国学术思想的巅峰时期

王国维指出："宋代学术，方面最多，进步亦最著"，"近世学术多发端于宋人"。宋学作为宋型文化的精神内核，是中国古代学术思想的巅峰。宋学流派纷呈，各臻其妙，大师迭出，群星璀璨，使南宋的思想文化呈现一派勃勃生机和前所未有的活跃局面。

理学思想形成。两宋统治者以文治国、以名利劝学的政策，对当时的思想、学术及教育产生了重要影响，最明显的一个结果是新儒学——理学思想诞生。南宋是儒学各派互争雄长的时期，各学派互相论辩、互相补充，共同构筑起中国儒学发展史上一个新的阶段。作为程朱理学集大成者的朱熹，是继孔孟以来最杰出的儒家学者。理学思想倡导国家至上、百姓至上的精神，与孟子的"君轻民贵"思想是一脉相承的。同时，两宋还倡导在儒家思想主导下的"儒佛道三教同设并行"，就是在"尊孔崇儒"的同时，对佛、道两教也持尊奉的态度。理学各家出入佛老；佛门也在学理上融合儒道；道教则从佛教中汲取养分，将其融

---

[1] ［日］宫崎市定：《宫崎市定论文选集》下册，商务印书馆1963年版。

[2] 刘子健：《代序——略论南宋的重要性》，载黄宽重主编《南宋史研究集》，台湾新文丰出版公司1985年版。

入自身的养生思想，并吸纳佛教"因果轮回"思想与儒家"纲常伦理"学说。普通百姓"读儒书、拜佛祖、做斋醮"更是习以为常。两宋"三教合流"的文化策略迎合了时代需要，使宋代儒生不同于以往之"终信一家、死守一经"，从而使得南宋在思想、文化领域均有重大突破与重大建树。

思想学术界学派林立。学派林立是南宋学术思想发展的突出表现，也是当时学术界新流派勃兴的标志。在儒学复兴的思潮激荡下，尤其是在鼓励直言、自由议论的政策下，先后形成了以朱熹为代表的道学，以陆九渊为代表的心学，以叶适为代表的永嘉事功之学，以吕祖谦、陈亮为代表的永康之学等主要学派，开创了浙东学派的先河。南宋时期学派间互争雄长和欣欣向荣的景象，维持了近百年之久，形成了继春秋战国之后中国历史上第二次"百家争鸣"的盛况，为推动南宋经济文化发展起到了积极作用。尤其是浙东事功学派极力推崇义利统一，强调"商藉农而立，农赖商而行"，认为只有农商并重，才能富民强国，实现国家中兴统一的目的。功利主义思想反映了当时人们希望发展南宋经济和收复北方失地的强烈愿望。

2. 南宋是古代中国文学艺术的鼎盛时期

近代国学大师王国维认为"天水一朝人智之活动与文化之多方面，前之汉唐、后之元明皆所不逮也"。[1]南宋文

---

[1] 王国维：《静庵文集续编·宋代之金石学》，载《王国维遗书》第5册，上海古籍出版社1983年版。

学艺术繁荣的主要表现，一是宋词兴盛。宋代创造性地发展了"词"这一富有时代特征的文学形式。词的繁荣起始于北宋，鼎盛于南宋。南宋词不仅在内容上有所开拓，而且艺术上更趋于成熟。辛弃疾是南宋最伟大的爱国词人，豪放词派的最高代表，也是南宋词坛第一人，与北宋词人苏东坡一样，同为宋词成就最杰出的代表。李清照是婉约词派的代表人物，形成了别具一格的"易安体"，对后世影响很大。陆游既是著名的爱国诗人，也是南宋词坛的巨匠。他的词充满了奔放激昂的爱国主义感情，与辛弃疾一起把宋词推向了艺术高峰。二是宋诗繁荣。宋诗在唐诗之后另辟蹊径，开拓了宋诗新境界，其影响直到清末民初。宋诗完全有资格在中国诗史上与唐诗双峰并峙，两水并流。三是话本兴起。南宋话本小说出现，在中国文学史上是一件极有意义的大事，标志着中国小说的发展已进入一个新阶段。宋代话本为中国小说的发展注入了新鲜活力，迎来了明清小说的繁荣局面。南宋还出现了以《沧浪诗话》为代表的具有现代审美特征的开创性的文学理论著作。四是南戏的出现。南宋初年，出现了具有很强的现实性和感染力的"戏文"，统称"南戏"。南宋戏文是元代杂剧的先驱，它的出现标志着中国古代戏曲艺术的成熟，为我国戏剧发展奠定了雄厚基础。[1]五是绘画的高峰。宋代是中国绘画

---

[1] 参见何忠礼、徐吉军《南宋史稿》，杭州大学出版社1999年版，第657页。

史上的鼎盛时期，标志我国中古时期绘画高峰的出现。有研究者认为"吾国画法，至宋而始全"。[1]宋代画家多达千人左右，以李唐、刘松年、马远、夏圭等人为代表的南宋著名画家，他们的作品在画坛至今仍享有崇高地位。此外，南宋的多位皇帝和后妃也都是绘画高手。南宋绘画题材多样，山水、人物、花鸟画等并盛于世，尤以山水画最为突出，对后世影响极大。南宋画家称西湖景色最奇者有十，这就是著名的"西湖十景"的由来。宋代工艺美术造型、装饰与总体效果堪称中国工艺史上的典范，为明清工艺美术争相效仿的对象。此外，南宋的书法、雕塑、音乐、歌舞等艺术门类也都有长足的发展。

3. 南宋是古代中国文化教育的兴盛时期

宋代统治者大力倡导学校教育，将"崇经办学"作为立国之本，使宋代的教育体制较之汉唐更加完备和发达。南宋官私学盛，彻底打破了长期以来士族地主垄断教育的局面，使文化教育下移，教育更加大众化，适应了平民百姓对文化教育的需求，推动了文化大普及，提高了全社会的文化素质，促进了南宋社会文化事业进步和发展。在科举考试推动下，南宋的中央官学、地方官学、书院和私塾村校并存，各类学校都获得了蓬勃的发展。南宋各州县普遍设立了公立学校，其规模、条件、办学水平，较之北宋有了更大发展。由

---

[1] 潘天寿：《中国绘画史》，上海人民美术出版社1983年版，第158页。

于理学家的竭力提倡和科举考试的需要，南宋地方书院得到了大发展。宋代共有书院 397 所，其中南宋占 310 所。[1]南宋私塾村校遍及全国各地，学校教育由城镇延伸到乡村，南宋教育达到前所未有的普及程度。

4. 南宋是古代中国史学的繁荣时期

南宋以"尊重和提倡"的形式，鼓励知识分子重视历史，研究历史，"思考历代治乱之迹"。陈寅恪先生指出："中国史学莫盛于宋。"[2]南宋史学家袁枢的《通鉴纪事本末》，创立了以重大历史事件为主体，分别立目，完整记载历史事件的纪事本末体；朱熹的《资治通鉴纲目》创立了纲目体；朱熹的《伊洛渊源录》则开启了记述学术宗派史的学案体之先河。南宋在历史上第一次提出了"经世致用"的修史思想。南宋史学家不仅重视当代史的研究，而且力主把历史与现实结合起来，从历史上寻找兴衰之源，以史培养爱国、有用的人才。这些都对后代的史学家有很大的启迪和教益。

四、在科技上，既要看到整个宋代在中国古代科技史上的地位，也要看到南宋对古代中国科学

---

[1] 何忠礼：《论南宋定都杭州对当地经济文化的重大影响》，载《杭州研究》2007 年第 2 期。

[2] 陈寅恪：《陈垣〈明季滇黔佛教考〉序》《陈垣〈元西域人华化考〉序》，载《金明馆丛稿二编》，上海古籍出版社 1980 年版，第 238、240 页。

技术的杰出贡献

宋代统治集团对在科学技术上有重要发明及创造、创新之人给予物质和精神奖励，为宋代科技发展与进步注入了前所未有的强大动力。宋朝是当时世界上发明创造最多的国家，也是古代中国为世界科技发展贡献最大的时期。英国学者李约瑟说："每当人们在中国的文献中查找一种具体的科技史料时，往往会发现它的焦点在宋代，不管在应用科学方面或纯粹科学方面都是如此。"[1]中国历史上的重要发明，一半以上都出现在宋朝。宋代的不少科技发明不仅在中国科技史上，而且在世界科技史上也号称第一。《梦溪笔谈》的作者沈括、活字版印刷术的发明者毕昇这两位钱塘（浙江杭州）人，都是中外公认的中国古代伟大科学巨匠。南宋的科技在北宋基础上进一步得到发展，其科技成就在很多方面居于世界领先地位。

1. 南宋对中国古代"三大发明"的贡献

活字印刷术、指南针与火药三大发明，在南宋时期获得进一步的完善和发展，并开始了大规模的实际应用。指南针在航海上的应用，始见于北宋末期，南宋时的指南针已从简单的指针，发展成为比较简易的罗盘针，并被应用于航海上，是一项具有世界意义的重大发明。李约瑟指出，指南针在航海中的应用，是"航海技艺方面的巨大改革"，

----

[1]［英］李约瑟：《李约瑟文集》，辽宁科技出版社1986年版，第115页。

"预示计量航海时代的来临"。中国古代火药和火药武器的大规模使用和推广也始自南宋。南宋出现的管形火器，是世界兵器史上十分重要的大事，近代的枪炮就是在这种原始的管形火器基础上发展起来的。此外，南宋还广泛使用威力巨大的火炮作战，充分反映了南宋火器制造技术的巨大进步。南宋开始推广使用活字印刷术，出现了目前世界上第一部活字印本。此外，南宋的造纸技术更为发达，生产规模大为扩展，品种繁多，质量之高，近代也多不及。

2. 南宋在农业技术理论上的重大突破

南宋陈旉所著《陈旉农书》是我国现存最早的有关南方农业生产技术与经营的农学著作。他是中国农学史上第一个提出土地利用规划技术的人。陈旉在《农书》中首先提出了土壤肥力论等多种土地的利用和改造之法，并对搞好农业经营管理提出了卓越的见解。稻麦两熟制、水旱轮作制、"耕耙耖"耕作制，在南宋境内都得到了较好的推广。植物谱录在南宋也大量涌现。《橘录》是我国最早的柑橘专著;《菌谱》是世界历史上最早的菌类专著;《全芳备祖》是世界最早的植物学辞典，比欧洲要早300多年;《梅谱》是我国最早的有关梅花的专著。

3. 南宋在制造技术上的高度成就

宋代冶金技术居世界最高水平，南宋对此做出了卓越贡献。在有色金属开采与冶炼方面，南宋发明了"冶银吹灰法"和"铜合金铁"冶炼法;在煤炭开发利用上，南宋开始使用焦煤炼铁（而欧洲人是在 18 世纪时才采用焦煤炼铁的），是我国冶金史上具有重大意义的里程碑。南宋是我国纺织技术高度发展时期，特别是蚕桑丝绸生产，已形成了一整套从栽桑到成衣的过程，生产工具丰富，为明清的丝绸生产技术奠定了基础。南宋的丝纺织品、织造和染色技术在前代的基础上达到了一个新水平。南宋瓷器无论在胎质、釉料，还是在制作技术上，都达到了新的高度。同时，南宋的造船、建筑、酿酒、地学、水利、天文历法、军器制造等方面技术水平，也都比过去有很大的进步。如现保存于杭州碑林的石刻《天文图》是迄今为止所能见到的最早的全天星图，绘于南宋绍定二年（1229）的石刻《平江图》，是我国现存最完整的城市规划图，至今仍完好地保存在苏州市博物馆。

4. 南宋在数学领域的巨大贡献

南宋数学不仅在中国数学史上，而且在世界数学史上取得了极为辉煌的成就。南宋杰出的数学家秦九韶撰写的《数书九章》提出的"正负开方术"，与现代求数学方程正根的方法基本一致，比西方早 500 多年。另一位杰出的数学家杨辉，编撰有《详解九章算法》《日用算法》《乘除通变本末》《田亩比类乘除捷法》《续古摘奇算法》(《乘除通变本末》《田亩比类乘除捷法》《续古摘奇算法》三者合称为《杨辉算法》) 等十余种数学著作，收录了不少我国现已失传的数学著作中的算题和算法。杨辉对二阶等差级数求和的论述，使之成为继沈括之后世界上最早研究高阶等差级数的人。杨辉发明的"九归口诀"，不仅提高了运算速度和精确度，而且还对我国珠算的发明起到了重要作用。李约瑟把宋代称为"伟大的代数学家的时代"，认为"中国的代数学在宋代达到最高峰"。[1]

5. 南宋在医药领域的重要贡献

南宋是中国法医学正式形成的时期。宋慈的《洗冤集录》是世界上第一部法医学专著，比西方早 350 余年。它不仅奠定了我国古代法医学的基础，而且被奉为我国古代"官司检验"的"金科玉律"，并对世界法医学产生了广泛影响。南宋是中国针灸医学的极盛时期。王执中的《针灸资生经》和闻人耆年《备急灸法》两书，皆集历代针灸学知识之大全，反映了当时针灸学的最高水平。南宋腧穴针灸铜人是针灸学上第一具教学、临床用的实物模型。陈自明著的《外科精要》一书对指导外科的临床应用具有重要意义。陈自明的《妇人大全良方》是著名的妇产科著作，直到明清时期仍被妇科医生奉为经典。朱瑞章的《卫生家宝产科方》，被称为"产科之荟萃，医家之指南"。无名氏的《小儿卫生总微论方》和刘昉的《幼幼新书》，汇集了宋以前在儿科学方面所取得的成就，是我国历史上较早的一部比较系统、全面的儿科学著作。许叔微的《普济本事方》

----

[1] 参见《中国科学技术史》第 1 卷第 1 册，科学出版社 1975 年版，第 273、284、287、292 页。

是中国古代一部比较完备的方剂专书。

五、在社会上，不但要看到南宋一些富豪官绅生活奢华、挥霍淫乐的一面，更要看到南宋政府关注民生、注重民生保障的一面

南宋社会生活的奢侈之风，既是南宋官僚地主腐朽的集中反映，也是南宋经济文化空前繁荣的缩影。我们不但看到南宋一些富豪官绅纵情声色、恣意挥霍的社会现象，更要看到南宋政府倡导善举、关注民生、同情民苦的客观事实。[1] 两宋社会保障制度，在中国古代救助史上占有重要地位，并为宋后社会保障制度的建立奠定了基础。有学者认为，中国古代真正意义上的社会保障事业是从两宋开始的。同时，两宋时期随着土地依附关系逐步解除和门阀制度崩溃，逐渐冲破了以前士族地主一统天下的局面。两宋社会结构开始调整重组，出现了各阶层之间经济地位升降更替、社会等级界限松动的现象，各阶层的价值取向趋近，促进社会各阶层融合，平民化、世俗化、人文化趋势明显。两宋社会平民化，不仅体现在科举面向社会各个阶层，取士不受出身门第限制，而且体现在官民身份可以相互转化，可以由贵而贱，由贱而贵；贫富之间既可以由富

---

[1] 邓小南：《宋代历史再认识》，载《河北学刊》2006 年第 5 期。

而贫，也可以由贫而富。[1]

1. 南宋农民获得了更多的人身自由

两宋时期，租佃制普遍发展，这是古代专制社会中生产关系的一次重大调整。在租佃制下，地主招募客户耕种土地，客户只向地主缴纳地租，而不必承担其他义务。客户契约期满后有退佃起移的权利，且受到政府保护，人身依附关系大为减弱。按照宋朝的户籍制度，客户直接编入国家户籍，成为国家的正式编户，并承担国家某些赋役，而不再是地主的"私属"，因而获得了一定的人身自由。两宋农民在法律上可以自由迁徙，这是历史的一大进步。[2]南宋时期随着商品经济发展，农民获得了更多的自由，可以自由地离土离乡，转向城市从事手工业或商业活动。

2. 南宋商人社会地位得到了提高

宋前历朝一直奉行"重农轻商"政策，士、农、工、商，商人居"四民"之末，受到社会歧视。宋代商业已被视同农业，均为创造社会财富的源泉，"士、农、工、商，皆百姓之本业"[3]成为社会共识，使两宋商人的社会地位得到前所未有的提高。随着工商业的发展，在南宋手工业作

---

[1] 郭学信：《宋代俗文化发展探源》，载《西北师范大学学报》2005年第3期。

[2] 郭学信、张素音：《宋代商品经济发展特征及原因析论》，载《聊城大学学报》2006年第5期。

[3] （宋）陈耆卿：《嘉定赤城志》卷三七《风土》，《宋元方志丛刊》本，中华书局1990年版。

坊中，工匠主和工匠之间形成了雇佣与被雇佣关系。南宋手工业作坊中的雇佣制度，代替了原来带有强制性的指派和差人应役招募制度，雇佣劳动与强制性的劳役比较，工匠的人身束缚大为松弛，新的经济关系推动了南宋手工业经济发展，又促进了资本主义生产关系萌芽。

3. 南宋市民阶层登上了历史舞台

"坊郭户"是城市中的非农业人口。随着工商业的日益发展，宋政府将"坊郭户"单独"列籍定等"。"坊郭户"作为法定户名在两宋时期出现，标志着城市"市民阶层"形成，市民阶层开始作为一个独立群体正式登上了历史舞台，成为不可忽视的社会力量。[1]南宋时期，还实行了募兵制，人们服役大多出于自愿，从而有效保障了城乡劳力稳定和社会安定，与唐代苛重的兵役相比，显然是一个进步。

4. 南宋社会保障制度更为完善

南宋的社会保障体系主要表现在：一是"荒政"制度。就是由政府无偿向灾民提供钱粮和衣物，或由政府将钱粮贷给灾民，或由政府将灾民暂时迁移到丰收区，或将粮食调拨到灾区，或动员富豪平价售粮，并在各州县较普遍地设置了"义仓"，以解决暂时的粮食短缺问题。同时，遇丰收之年，政府酌量提高谷价，大量收籴，以避免谷贱伤农；遇荒饥之年，政府低价将存粮大量粜出，以照顾灾民。二

---

[1] 郭学信：《宋代俗文化发展探源》，载《西北师范大学学报》2005年第3期。

是"养恤"制度。在临安等城市中，南宋政府针对不同对象设立了不同的养恤机构。有赈济流落街头的老弱病残或贫穷潦倒乞丐的福田院，有收养孤寡等贫穷不能自存者的居养院，有收养并医治鳏寡孤独贫病不能自存之人的安济院，有收养社会弃子弃婴的慈幼局，等等。三是"义庄"制度。义庄主要由一些科举入仕的士大夫用其秩禄买田置办，义田一般出租，租金则用于赈养族人的生活。虽然义庄设置的最初动机在于为本宗族之私，但义庄的设置在一定范围保障了族人的经济生活，对两宋官方的社会保障起到了重要的辅助作用。南宋的社会保障政策与措施对倡导善举、缓和社会矛盾、维护社会稳定等发挥了积极作用。[1]

六、在历史地位上，既要看到南宋在当时国际国内的地位，又要看到南宋对后世中国和世界的影响

1. 南宋对东亚"儒学文化圈"和世界文明进程之影响

两宋的成就居于当时世界发展的顶峰，对周边国家和世界均产生了巨大影响。如南宋对东亚"儒学文化圈"的影响。南宋朱子学对东亚"儒学文化圈"各国文化产生了广泛而深刻的影响，至今仍然积淀在东亚各民族的文化心

---

[1] 参见杜伟《略述两宋社会保障制度》，载《沙洋师范高等专科学校学报》2004年第1期；陈国灿《南宋江南城市的公共事业与社会保障》，载《学术月刊》2002年第6期。

理中，对东亚现代化起着重要作用。在文化输入上，这些周边邻国对唐代文化主要是制度文化的模仿，而对两宋文化则侧重于精神文化的摄取，尤其是对南宋儒学、宗教、文学、艺术、政治制度的借鉴。南宋儒学文化传至东亚各国，与各国的学术思想和民族文化相融合，产生了朝鲜儒学、日本儒学、越南儒学等东亚儒学，形成了东亚"儒学文化圈"。这表明南宋儒学文化在东亚民族之间的文化交流和传播中，对高丽、日本、越南等国学术文化与东亚文明发展历史产生了重大影响，这可以说是东亚文明发展中的一大奇观。[1]同时，南宋儒学文化中的优秀成分和合理精神，在现代东亚社会的政治经济、思想文化、社会生活、家庭关系等方面仍然发挥重要影响和作用。如南宋儒学中的"信义""忠诚""中庸""和""义利并取"等价值观念，在现代东亚经济社会中的积极作用显而易见。

南宋对世界经济发展的影响。随着南宋海外贸易发展，与我国通商的海外国家与地区从宋前的 20 余个增至 60 个以上。海外贸易范围从宋前中南半岛和印尼群岛，扩大到西洋（今印度洋至红海）、波斯湾、地中海和东非海岸，使雄踞于太平洋西岸的南宋帝国与印度洋地区北岸的阿拉伯帝国一起，构成了当时世界贸易圈的两大轴心。海上"丝绸之路"取代了陆上"丝绸之路"，成为中外经济文化交流

---

[1] 葛金芳：《南宋：走向开放型市场的重大转折》，载《杭州研究》2007 年第 2 期。

的主要通道。鉴于此，美籍学者马润潮把宋代视为“世界伟大海洋贸易史上的第一个时期”。同时，随着商品经济的发展，北宋出现了世界上最早的纸币——交子。至南宋时，纸币开始在全国普遍使用。有学者将纸币的产生与大规模流通称为“金融革命”。[1]纸币流通的意义远在金属铸币之上，表明我国在货币领域发展已走在世界前列。

两宋对世界文明进程的影响。宋代文化对世界文化的影响，主要表现在两宋的活字印刷术、火药、指南针的西传上。培根指出：“这三种发明已经在世界范围内把事物的全部面貌和情况都改变了：第一种是在学术方面，第二种是在战事方面，第三种是在航行方面；由此产生了无数的变化，这种变化是如此巨大，以至没有一个帝国，没有一个教派，没有一个赫赫有名的人物，能比得上这三种机械发明。”[2]马克思的评价则更高：“火药、指南针、印刷术——这是预告资产阶级到来的三大发明。火药把骑士阶层炸得粉碎，指南针打开了世界市场并建立了殖民地，而印刷术则变成了新教的工具和科学复兴的手段，变成对精神发展创造必要前提的强大杠杆。”[3]两宋“三大发明”对世界文明的决定性作用是毋庸赘言的。两宋科举考试制度

---

[1] 参见张邦炜《瞻前顾后看宋代》，载《河北学刊》2006年第5期。

[2] ［英］培根：《新工具》，商务印书馆1984年版，第103页。

[3] ［德］马克思：《机器、自然力和科学应用》，人民出版社1978年版，第67页。

也对法、美、英等西方国家选拔官吏的政治制度产生了直接作用和重要影响，被人誉为"中国的第五大发明"。

2. 南宋对中国古代与近代历史发展之影响

中外学者普遍认为："这时的文化直至 20 世纪初都是中国的典型文化。其中许多东西在以后的一千年中是中国最典型的东西，至少在唐代后期开始萌芽，而在宋代开始繁荣。"[1]

南宋促进了中国市民阶层的形成。随着商品经济的繁荣，两宋时期不仅出现了一大批大、中、小商业城市与集镇，而且形成了杭州、开封、成都等全国著名商业大都市，第一次出现了城市平民阶层，呈现了中国古代社会前所未有的时代开放性。南宋市民阶层的出现，世俗文化与世俗经济的形成与繁荣，意味中国市民社会已具雏形，开启了中国社会平民化进程。正由于两宋时期出现了欧洲近代前夜的一些特征，如大城市兴起、市民阶层形成、手工业发展、商业经济繁荣、对外贸易发达、流通纸币出现、文官制度成熟等现象，美国、日本学者普遍把宋代中国称为"近代初期"。[2]

南宋促成了中国经济重心南移。由于南宋商品经济空前发展，有些学者甚至断言，宋代已经产生了资本主义萌

[1] [美]费正清、赖肖尔：《中国：传统与变革》，江苏人民出版社 1995 年版，第 118—119 页。

[2] 张晓淮：《两宋文化转型的新诠释》，载《学海》2002 年第 4 期。

芽。西方有学者认为南宋已处在"经济革命时代"。随着宋室南下，南宋经济的发展与繁荣，使江南成为全国经济最为发达的地区。南宋时期，全国经济重心完成了由黄河流域向长江流域的历史性转移，我国经济形态自此逐渐从自然经济转向商品经济，从封闭经济走向开放经济，从内陆型经济转向海陆型经济。这是中国传统社会发展中具有路标性意义的重大转折。[1]如果没有明清的海禁和极端专制的封建统治，中国的近代化社会也许会更早地到来。

南宋推进了中华民族大融合。南宋时期，中国社会出现了第三次民族大融合。宋王朝虽然先后被同时代的女真、蒙古民族征服，但无论前金还是后蒙，在其思想文化上，都被南宋代表的先进文化折服，融入中华民族大家庭之中。10—13世纪，中原王朝与北方游牧民族时战时和、时分时合，使以农耕文化为载体的两宋文化迅速向北扩散播迁，女真、蒙古政权深受南宋代表的先进政治制度、社会经济和思想文化影响，表示出对南宋文化认同、追随、仿效与移植，自觉不自觉地接受了先进的南宋文化，使其从文字到思想、从典章制度到风俗习惯均呈现出汉化趋势。[2]南宋文化改变了这些民族的文化构成，提高了它们的文化层位，加速了这些民族由落后走向进步的进程，从而在整体上提高了中国北部地

---

[1] 参见葛金芳《南宋：走向开放型市场的重大转折》，载《杭州研究》2007年第2期。

[2] 参见虞云国《略论宋代文化的时代特点与历史地位》，《浙江社会科学》2006年第3期。

区少数民族的文明程度。

南宋奠定了理学在封建正统思想中的主导地位。理学的形成与发展，是南宋文化对中国古代思想文化的重大贡献。南宋理宗朝时，理学被钦定为封建正统思想和官方哲学，确立了程朱理学的独尊地位，并一直垄断元、明、清三代的思想和学术领域长达700余年，其影响之深广，在古代中国没有其他思想可以与之匹敌。[1]同时，两宋时期开创了中国古代儒、佛、道"三教合流"的文化格局。与汉武帝"罢黜百家、独尊儒术"不同，南宋在大兴儒学的前提下，加大了对佛、道两教的扶持，出现了"以佛修心，以道养生，以儒治世"的"三教合一"的格局。自宋后，古代中国社会基本延续了以儒学为主体，以佛、道为辅翼的文化格局。

两宋对中国后世王朝政权稳定的影响。两宋王朝虽然国土面积前不及汉唐，后不如元明清，却是中国封建史上立国时间最长的王朝。两宋王朝之所以在外患深重的威胁下保持长治局面，很大程度上取决于两宋精于内治，形成了一系列的中央集权制度和民族认同感，因此，自宋朝后，中华民族"大一统"思想深入人心，中国历史上再也没有出现过地方严重分裂割据的局面。

---

[1] 参见何忠礼《论南宋在中国历史上的地位和影响》,《杭州研究》2007年第2期。

3. 南宋对杭州城市发展之影响

正是南宋经济、文化、社会各方面的高度发展，促成京城临安极度繁荣，成为12—13世纪最为繁华的世界大都会，也正是南宋带来民族文化大交流、生活方式大融合、思想观念大碰撞，形成了京城临安市民独特的生活观念、生活方式、性格特征、语言习惯。直到今天，杭州人独有的文化特质、社会习俗、生活理念，都深深地烙上了南宋社会的历史印迹。

京城临安，一座巍峨壮丽的世界级"华贵之城"。南宋朝廷立临安为行都，使杭州的城市性质与等级发生了根本性的巨大变化。从州府上升为国都，这是杭州城市发展的里程碑，杭州由此进入历史上最辉煌的时期。南宋统治者对临安城建设倾注了大量心血，并倾全国之人力、物力、财力加以精心营造。经过南宋诸帝持续的扩建和改建，南宋皇城布满了金碧辉煌、巍峨壮丽的宫殿，足可与北宋的汴京城媲美。南宋对临安府大规模地改造和扩建的杰出代表便是御街。南宋都城临安，经过100多年的精心营建，已发展成为百万以上人口的大城市，成为当时亚洲各国经济文化的交流中心，城市规模已名列十二三世纪时世界的首位。当时的杭州被意大利著名旅行家马可·波罗称赞为"世界上最美丽华贵之天城"。而12世纪时，美洲和澳洲尚未被殖民者发现，非洲处于自生自灭状态，欧洲现有主要国家尚未完全形成，罗马内部四分五裂，北欧海盗肆虐，基辅大公国（俄罗斯）刚刚形成。[1] 到了南宋后期（即 13 世纪中叶）临安人口曾达到 150 万—160 万人，此时，西方最大最繁华的城市威尼斯也只有 10 万人口，作为世界最著名的大都会伦敦、巴黎，直至 14 世纪的文艺复兴时期，其人口也不过 4 万—6 万人。[2] 仅从城市人口规模看，800 年前的杭州就已遥遥领先于世界各大城市。

京城临安，一座繁荣繁华的"地上天宫"。临安是全国最大的手工业生产中心。南宋临安工商业发达，手工业门类齐、制作精、分工细、规模大、档次高，造船、陶瓷、纺织、印刷、造纸等行业都建有大规模的手工业作坊，并有"四百一十四行"之说。临安是全国商业最为繁华的城市。临安城内城外集市与商行遍布，天街两侧商铺林立，早市夜市通宵达旦；城北运河樯橹相接、昼夜不舍，城南钱江两岸各地商贾海舶云集、桅杆林立。临安是璀璨夺目的文化名城。京城内先后集聚了李清照、朱熹、尤袤、陆游、杨万里、范成大、辛弃疾、陈起等一批南宋著名的文化人。临安雕版印刷为全国之冠，杭刻书籍为我国宋版书之精华。城内设有全国最高的学府——太学，规模最为宏阔，与武学、宗学合称"三学"。临安的教育事业空前繁荣。城内文化娱乐业发达，瓦子数量、百戏名目、艺人人

---

[1] 参见何亮亮《从"南海"一号看中华复兴》，载《文汇报》2008 年 1 月 6 日。

[2] 参见何忠礼《论南宋在中国历史上的地位和影响》，载《杭州研究》2007 年第 2 期。

数、娱乐项目和场所设施等方面，也都是其他城市无法比拟的。临安不但是全国政治中心，也是全国经济中心和文化中心。今日杭州之所以能成为"人间天堂"，成为全国历史文化名城，成为我国七大古都之一，很大程度上就是得益于南宋定都临安，得益于南宋经济文化的高度繁荣。

京城临安，一座南北荟萃、精致和谐的生活城市。北方人口的优势，使南下的中原文化全面渗透到本土的吴越文化之中，形成了临安独特的社会生活习俗，并影响至今。临安的社会是本地居民与外来人员和谐相处的社会，临安的文化是南北文化交融、中外文化交流的结晶，临安的生活是中原风俗与江南民俗相互融合的产物。总之，南宋临安是一座兼容并蓄、精致和谐的生活城市。其表现为：一是南北交融的语言。经过100多年流行，北方话逐渐融合到吴越方言之中，形成了南北交融的"南宋官话"。有学者指出："越中方言受了北方话的影响，明显地反映在今日带有'官话'色彩的杭州话里。"[1] 二是南北荟萃的饮食。自南宋起，杭人饮食结构发生了变化，从以稻米为主，发展到米、面皆食。"南料北烹"美食佳肴，结合西湖文采，形成了具有鲜明特色的"杭邦菜系"，而成为中国古代菜肴一个新高峰。丰富美味的饮食，致使临安人形成追求美食美味的饮食之风。三是精致精美的物产。南宋时期，在临安

---

[1] 参见徐吉军《论南宋定都杭州对当地经济文化的重大影响》，载《杭州研究》2007年第2期。

无论建筑寺观，还是园林别墅、亭台楼阁和小桥流水，无不体现了江南的精细精致，更有陶瓷、丝绸、扇子、剪刀、雨伞等工艺产品，做工讲究、小巧精致。四是休闲安逸的生活。城市的繁华与西湖的秀美，使大多临安人沉醉于歌舞升平与湖山之乐中，在辛劳之后讲究吃喝玩乐、神聊闲谈、琴棋书画、花鸟鱼虫，体现了临安人求精致、讲安逸、会休闲的生活特点，也反映了临安市民注重生活与劳作结合的城市生活特色，反映了临安文化的生活化与世俗化，并融入今日杭州人的生活观念中。

4. 借鉴南宋"体恤民生"的某些仁义之举，努力将今天的杭州建设成为一个全民共享的"生活品质之城"

南宋社会关注民生、同情民苦的仁义之举，尤其是针对不同人群建立较为完备的社会保障体系，在构建社会主义和谐社会，建设覆盖城乡、全民共享的"生活品质之城"的今天，有着特别重要的现实意义。建设覆盖城乡、全民共享的"生活品质之城"，既是一项长期的历史任务，又是一个重大的现实课题。要使"发展为人民、发展靠人民、发展成果由人民共享、发展成效让人民检验"理念落到实处，就必须把老百姓的小事当作党委、政府的大事，以群众呼声为第一信号，以群众利益为第一追求，以群众满意为第一标准，树立起"亲民党委""民本政府"的良好形象。要始终坚持以人为本、以民为先的理念，既要关注城市居民，又要关注农村居民；既要关注本地居民，又要关注外来创业务工人员；既要关注全体市民生活品质的整体提高，更要特别关注困难群众、弱势群体、低收入阶层生活品质的明显改善。要始终关注老百姓的衣食住行、安危冷暖、生老病死，让老百姓能就业、有保障，行得便捷、住得宽畅，买得放心、用得舒心，办得了事、办得好事，拥有安全感、安居又乐业，让全体市民共创生活品质、共享品质生活。

5. 整合南宋"安逸闲适"的环境资源，推进杭州"东方休闲之都"和国际旅游休闲中心建设

杭州得天独厚的自然山水环境，经过南宋100多年来固江堤、疏西湖、治内河、凿新井、建宫城、造御街、设瓦子、引百戏等多方面的措施，形成都城左江（钱塘江）右湖（西湖）、内河（市区河道）外河（京杭运河）的格局，使杭州的生态环境、旅游环境、休闲环境大为改观，极大丰富了杭州的旅游资源。南宋为我们留下的不但是一块"南宋古都"的"金字招牌"，还留下了安逸闲适的休闲环境和休闲氛围。在"三面云山一面城"的独特环境里，集中了江、河、湖、溪与西湖群山，出现了大批观光游览景点，并形成著名的"西湖十景"。沿湖、沿河、沿街的茶肆酒楼，鳞次栉比、生意兴隆；官私酒楼、大小餐馆充满"南料北烹"的杭邦菜肴和各地名肴；大街小巷布满大小馆舍旅店，是外地游客与应考士子的休息场所。同时，临安娱乐活动丰富多彩，节庆活动繁多。独特的自然山水、休

闲的环境氛围，使临安人注重生活环境、讲究生活质量、追求生活乐趣。不但皇亲国戚、达官贵人纵情山水、赏花品茗，过着高贵奢华的休闲生活，而且文人士大夫交结士朋、寄情适趣，热衷高雅脱俗的休闲生活；就是普通百姓也会带妻携子泛舟游湖，享受人伦亲情及山水之乐。

今天的杭州人懂生活、会休闲，讲究生活质量，追求生活品质，都可以从南宋临安人闲情逸致的生活态度中找到印迹。今天的杭州正在推进新城建设、老城更新、环境保护、街区改善等工程，都可以从南宋临安对左江右湖、内河外河的治理和皇城街坊、园林建筑的建设中得到有益的启示。杭州要打造"东方休闲之都"，共建共享"生活品质之城"，建设国际旅游休闲中心，就必须重振"南宋古都"品牌，充分挖掘南宋文化遗产，珍惜杭州为数不多的地上南宋遗迹。进一步实施好西湖、西溪、运河、市区河道综合保护工程；推进"南宋御街"——中山路有机更新，以展示杭州自南宋以来的传统商业文化；加强对南宋"八卦田"景区的保护与利用，以展示南宋皇帝"与民同耕"的怀古场景；加强对南宋官窑遗址的保护与利用，以展示南宋杭州物产的精致与精美；加强对南宋皇城遗址和太庙遗址的保护与利用，以展示昔日南宋京城的繁荣与辉煌。进入21世纪的杭州，不但要保护利用好南宋留下的"三面云山一面城"的"西湖时代"，更要以"大气开放"的宏大气魄，努力建设好"一主三副六组团六条生态带"的大都

市空间格局，形成"一江春水穿城过"的"钱塘江时代"，实现具有千年古都神韵的文化名城与具有大都市风采的现代化新城同城辉映。

前　言

　　《南宋全书》是"五位一体"《杭州全书》的重要组成部分，是杭州南宋文化遗产保护、传承和利用的基础前提和依据载体。《南宋全书》的编纂、出版旨在发挥南宋学研究成果，在打造具有"国际特征、中国特点、杭州特色"的城市学杭州学派和"国内领先、世界一流"的城市学智库方面起到积极作用。

　　在开展《南宋全书》编撰出版之前，制定了工作原则。在内容方面：既要着眼于南宋经济、政治、军事、文化、社会和独特山水、人文资源的研究，体现系统性、整体性，又要着眼于杭州南宋文化遗存的独特禀赋研究，体现特色性、差异性。在规划方面：坚持统一领导、统一规划、统一大纲、统一体例、分别筹资、分别实施、分别销售的"四统三分"体制，充分彰显系统性、规律性、权威性。在品质方面：牢固确立品质导向，尊重科学，打造精品，坚持量质并举，通盘考虑选题、编纂、评审、出版，以及成果转化和赠、换、售工作，切实提高"费效比"，努力使每一本书都经得起人民的检验、专家的检验、历史的检验，真正能传承文明，发挥"存史、释义、资政、育人"作用。在整合资源方面：以改革的思路面向全社会组织开放式研究，充分吸收国内外南宋学研究各方面专家参与，集聚各方面资源，形成编纂出版合力，进一步打好"杭州牌""浙江牌""中华牌""国际牌"。在计划推进方面：立足长远、通盘谋划、科学规划、统一部署、积极引导、分步实施。按照全书编纂的统一体例，可根据自身研究条件，实事求是确定研究进度，制定切实可行的实施方案，积极稳妥、分步有序地推进。

南宋学研究成果的载体，包括丛书、文献集成、研究报告、通史、辞典五大组成部分，定位各有侧重。其中，研究报告定位为论文集，突出"专"字，主要收录"两宋论坛"征集评选出的优秀成果，包括了历史研究和当代研究两方面的成果。本报告主要收录了第八届"两宋论坛"的优秀成果。

第八届"两宋论坛"于 2023 年 10 月 19 日在开封举行。本届论坛以"世界文化遗产与古都现代化转型"为主题，由杭州、开封两市市委、市政府支持，学术活动由杭州国际城市学研究中心、河南大学中原发展研究院两大智库共同主办。论坛以实际行动传承弘扬两宋优秀文化，总结历史经验，推动"一带一路"倡议的落实，讲好"中国故事"，进而讲好"杭州故事""开封故事"，推动中华优秀传统文化创造性转化、创新性发展，取得了良好的文化和社会效益，成为杭州与开封城市国际化和文化交流的"金名片"。其中，"两宋论坛优秀研究成果征集评选"活动，面向国内外两宋领域研究者以及各界有识之士，分为历史类与经济类两大类征集评选，并进行专家多轮评审，最终评出金奖一名，银奖二名，铜奖三名。研究报告作为"两宋论坛优秀研究成果征集评选"活动的优秀成果汇编，即整理收录其中最优秀的学术研究成果并出版。

本报告主题为"世界文化遗产与古都现代化转型"，收入九篇文章，分为论文三篇，内容包括古都现代化转型特征及建议、古都现代化与城市现代化的关系等；学术专著引言六篇，内容包括宋文研究、宋代民间力量与地方建设研究、宋代家礼研究、十世纪藩镇研究等。收入本报告时，根据出版的要求，将各论文体例格式进行了统一，特此说明。

目　录

《宋文遗录》前言

李伟国

清朝以来，搜集一代诗文，标以"全"字的大书的编纂代不乏人。康熙时彭定求等编《全唐诗》九百卷，共收唐、五代诗歌近五万首，作者二千八百三十七人，系有小传；嘉庆时董诰、徐松等编《全唐文》，收唐、五代作家三千零三十五人，附有小传，文二万零二十五篇。严可均编《全上古三代秦汉三国六朝文》七百四十六卷，起上古，迄隋代，收作者三千四百余人，每人均有小传。

当代盛世修典，唐圭璋先生开风气之先，编《全宋词》，录一千三百三十余家，一万九千九百余首，残篇五百三十余首，后来则又有《全宋诗》《全元文》等问世。《全宋文》，则此类大书中之尤大者也。

上海辞书出版社和安徽教育出版社2006年联合出版的由四川大学古籍研究所曾枣庄教授和刘琳教授主编的《全宋文》，是我国古代文化发展水准较高的宋代文学创作成果的总汇，也是历史、哲学、经济、军事、科技等方面资料的宝库，包含整个宋朝三百二十年间九千一百七十九位作者的十七万二千四百五十六篇文章，编为八千三百四十五卷，总字数达到一亿一千万字。在《全宋文》的编纂过程中，除了搜访存世宋人文集以外，还曾普查了浩如烟海的经、史、子各类古籍和金石、谱录等资料，获取了一大批此前不易见到的集外佚文。

此类大书，穷搜旁采，精心校订，涵盖一代或数代作家之诗、词、文，标准分明，秩序井然，用功极深，功能亦巨。今试举其荦荦大者两端言之。

若欲研究一代、数代乃至通代之文学，从中看到全貌、趋势，研究流派，研究作家及其相互之间的关系，研究一代文体之嬗变等等，《全宋文》起作用的是其搜罗之全、其体系之完整、其次序之恰当，以及其一代作品本身、其一派作品本身、其一家作品本身。《全宋文》阅读使用之方式则包括浏览、通读、细读、反复研读。曾枣庄先生之《宋文通论》，既是其早就立志研究的大课题，也是在编辑《全宋文》的过程中时时得益并得以最后完成的。

《全宋文》更有一项大功用，即所谓"无顺序阅读"。如《全宋文》这样的一代文章总集，同时也是一份大型文献库。作为一座库藏，里面所有的藏品，固然需要安放得井井有条，否则没法登录和取用，但有许多取用其库藏者，他们只需要了解此库藏的大体性质，以便知道其中的藏品是否会有他所需要的东西，至于里面的东西具体是如何安放的，他不了解也没有多大关系。也就是说，对他们来说，只要能取得需要的东西就好，并且越快越好。不过，如果没有人帮助调取，也没有一个库藏查检系统，他还得亲自入门查看。这种使用方式，往往不是指定的或定向的，也就是说，在搜寻到某一条或某一些库藏资料之前，使用者并不知道这些资料的具体内容，但在他的研究项目或著作中是用得到这些资料的，他可能会因为得到这些资料而大喜、惊喜。在这种情况下，使用《全宋文》一类的大书，只是在需要的时候调取其中的一部分内容，与其他相关资料一起成为排比研究的物件。这些资料出于哪一篇文章、哪一部集子、哪一位原作家，在这些资料被搜寻出来之前，搜寻者并不知晓，也不需要知晓。但在得到这些资料以后，就一定要顾及它的出处和作者了，是谁提供了这些资料，用什么方式提供的，对于研究一个课题来说是十分重要的。

换句话说，《全宋文》对于宋代文学的研究者，可能在大部分情况下是第一种功能比较重要，也有使用其第二种功能的，比如研究作家生平。对于为数更多的历史、语言、哲学、经济、军事等研究者，以及其他在研究中需要查检古代文献资料的研究者来说，第二种功能更为重要。一代文章资料的集中给了他们极大的方便，在此之前，他们可能也会使用文章资料，但因为分散，专题指向不明确，不便于获取，这种使用是极不充分的。《全宋文》一类大书的编成，无异于将一座富矿呈现在了他们的眼前。随着相关全文数据库特别是智能数据库的编纂和普遍使用，此项功能的作用将越来越大。

正是由于以上两种功能，《全宋文》的出版，有力地推动了宋代文史学术研究的发展，出版后获得首届中国出版政府奖。

二

如《全宋文》这样的大书，编纂至为繁难。由于其书编成于二十世纪九十年代之前，除了不可避免地存在一些遗漏，未收录如南宋参知政事葛洪的《蟠室老人文集》和作者不明的文章以外，更未及利用近年新出现的大量图书资料、数字出版物和出土文献。

而海内外学术界在广泛使用《全宋文》的同时，在各种学术刊物和学术专著中提出了许多有价值的意见。据初步统计分析，此类论文有论述《全宋文》这样的大型历史文献的价值和编纂方式的，有为《全宋文》所收文的整理和作者小传纠错的，如谷海林《〈全宋文〉编年补正》[1]、丁喜霞《〈全宋文〉误收同姓名唐人文举正》[2]，有对《全宋文》所收文的标点提出异议的，而更多的则是为《全宋文》进行一篇、数篇乃至一位作者数十篇文章的补遗的，如郑利峰《〈全宋文〉补遗》[3]、罗昌繁《〈全宋文〉所收碑志文补遗七篇》[4]等，这些文章已有数百篇。此类文章虽多，大多为偶然发现或一得之功，就"增补"本身来说，只是提供了诸多线索，总量毕竟有限。至今尚无关于此课题较系统的研究和增补成果的出现。历代诗文总集的编纂，既是意义重大、价值极高的

---

[1] 谷海林：《〈全宋文〉编年补正》，西北大学 2008 年硕士论文。

[2] 丁喜霞：《〈全宋文〉误收同姓名唐人文举正》，《民俗典籍文学研究》2014年第 1 期。

[3] 郑利峰：《〈全宋文〉补遗》，中州学刊 2013 年第 9 期。

[4] 罗昌繁：《〈全宋文〉所收碑志文补遗七篇》，《古籍整理研究学刊》2012 年第 6 期。

课题，也是难以毕其功于一役的课题，在一书出版以后，陆续进行补正，是题中应有之义。所以在这方面进一步挖掘、搜集、整理和研究仍有巨大的空间。

三

作为一名宋史研究者，我很早就注意到了《全宋文》的编纂，与四川大学古籍研究所的曾枣庄教授、刘琳教授、舒大刚教授，以及各位同仁，都保持着良好的师友关系，关注着他们的学术活动，时时请益。当年由巴蜀书社出版的前五十册《全宋文》，曾第一时间予以购置并使用。

2002年，承蒙老友方健先生告知，编纂多年的《全宋文》遇到了出版方面的困难，当时我在上海辞书出版社担任社长兼总编辑，在与主编曾枣庄教授多次通话以后，经过社内讨论和评估，毅然只身赴成都与曾、刘等先生商谈，同年请曾先生和刘琳先生等来沪签订出版合同。

2004年，我离开上海辞书出版社，其时《全宋文》书稿的编辑校对工作尚未完成，我的后任张晓敏社长继续予以推展，并联合安徽教育出版社共同以颇为大气的格局推出全书。在《全宋文》出版之际，2006年8月16日，我在成都召开的会议上有幸发言并留下了这样几句话："群贤埋首成都府，穷搜精理廿载苦。有宋一代文章在，书墙巍巍人争睹。"

在我离开出版工作的职业岗位以后，即立志在有生之年为宋代文献的搜集整理工作贡献绵薄之力，并开始多方访求《全宋文》尚未收录的宋人遗文。经过多年的努力，小有所成，已经有约三百万字可以奉献给学界。

四

在这逐步积累的数百万字资料中，比较大的收获有以下几个方面。

第一是宋人文集的再次挖掘。上海古籍出版社 2014 年版《重修金华丛书》收录了不少从金华地区和其他藏家处新获的金华人士著作，其中有藏于东阳市而为《全宋文》所失收的南宋葛洪的《蟠室老人文集》和其他多部宋人著作，可以为本项目所取资。在整部据旧刻残本重刻的《蟠室老人文集》中，除了诗歌以外，其涉史随笔及序二十七篇、表状奏诸四十七篇、书启杂著铭志等七十九篇，全数整理收录在内，一举增加了一整部文集。文津阁《四库全书》所收宋人文集的版本，与过去比较容易见到的版本时有不同，所收诗文互有差异，特别是宋庠、宋祁兄弟的《元宪集》和《景文集》，此次辑出的宋祁佚文，即有六卷之谱。日本学者东英寿从日本天理大学附属天理图书馆藏南宋本《欧阳文忠公集》中辑出书简九十六篇，应为欧集重印时所增补，此次亦全部予以收录。承粟品孝教授撰文提示，从《中华再造善本》丛书中的宋本《元公周先生濂溪集》中辑得南宋学人理学佚文数十篇，其中有魏了翁的《留题书堂》《道州建濂溪书院记》（此文《全宋文》

卷七一〇三据《四部丛刊》本《鹤山先生大全文集》收录，缺其前半），有傅伯崧的《希濂说》、余宋杰的《太极图说》、刘元龙的《请御书濂溪书院四大字奏状》和《谢赐御书表》、饶鲁的《金陵记闻注辩》等。

第二是从前人未加充分注意的宋代重要史书中搜求。如朱熹的《五朝名臣言行录》《三朝名臣言行录》，从宋末以后，一直至清末，原本罕为人知，仅有在原本基础上删削而成的简本流传，简本的篇幅仅为原本的一半多一些，幸运的是原本在清末民初重现于世。原本《五朝名臣言行录》《三朝名臣言行录》不仅是重要的历史著作，还由于其编成于当朝，所引文献后世颇有不见或难见者，因而具有较高的文献独有性。《全宋文》汇集了全部宋人别集和见之于经史子各部的单篇宋人文章，于朱熹《名臣言行录》，亦已注意利用，从中辑出奏状若干篇，但由于《全宋文》出于众手，以作家分工，参加工作的学者，对于朱熹《名臣言行录》，有的使用，有的未使用，而使用者时或用原本，时或用节本。初步检阅全书，仍有遗漏之文章二十余篇可以辑出。

如《五朝名臣言行录》卷一之二"曹彬"引《行状》九条，与《全宋文》卷一九八据《名臣碑传琬琰之集》所收曹彬行状多所不同；卷四之二"寇准"引"刘敞撰《莱公传》"五条，为《全宋文》所无；卷五之一"王曾"引"杜杞书"一条，考宋陈振孙《直斋书录解题》卷七《沂公言行录》一卷："天章阁待制王皞子融撰。沂公之弟也。前有叶清臣序文，后有晏殊、杜杞答书。"[1]

---

[1] （宋）陈振孙：《直斋书录解题》卷七，乾隆武英殿木活字本。

此"杜杞书"应即杜杞答书,《全宋文》中收有杜杞文四篇,而未及此;卷六之一"吕夷简"引《行状》三十条,为《全宋文》所无;卷七之二"范仲淹"引《遗事》十一条,为《全宋文》所无。

又如《三朝名臣言行录》卷一之一"韩琦"引《家传》二十九条,为《全宋文》所无,《全宋文》收有家传类的文章或其跋文四十篇,如程颐的《先公太中家传》《上谷郡君家传》、蒋静的《吕惠卿家传》等,故《韩琦家传》亦依例可收。卷四之一"胡宿"引胡宗愈撰《行状》九条,为《全宋文》所无。卷八之一"吕公著"引吕汲公撰《神道碑》十八条,《全宋文》卷一五七三有《吕公著神道碑》,题注曰"原碑文已佚,此系节文",其文据《续资治通鉴长编》卷三九四辑出,仅五行;又卷四〇八五吕聪问《上吕大防所撰吕公著神道碑奏》云:"臣犹记忆少时,亲见大防取索当时诏本、日历、时政记,以为案据,撰成此文。由是观之,先皇与子之志,盖已定于一年之前,岂容中间更有异议?其所以召臣祖辅嗣君,欲更革之意,亦皆出于神宗皇帝之本心。后来臣祖与司马光乃是推原美意,尊奉初诏,即非辄诋先帝,轻变旧章。当时若使更俟年岁,神宗皇帝当自更之,岂待元祐?臣窃闻圣诏欲改修二史,所系之大者,无出于此。或恐有补遗阙,谨以投进,乞俟御览毕,宣付三省,史馆录白,以为案底。"[1]其文辑自《建炎以来系年要录》卷七七,可见此神道碑在当时即已难见;又《家传》五十五条,为《全宋文》所无,《全宋文》已从中辑出

---

[1] 曾枣庄、刘琳主编:《全宋文》卷四〇八五,上海辞书出版社、安徽教育出版社2006年版,第58页。

《经传所载逆乱事奏》，而《家传》本身未被辑出。卷一〇"韩维"引《行状》二十条，《全宋文》卷二〇二八鲜于绰《韩维行状》据文渊阁《四库全书》本《南阳集》附录而有缺文，与此相较，又多有异文；卷五一四六周必大《东宫故事十五首·二月十二日》引《实录韩维传》一段，全文无之；《名臣碑传琬琰之集》有《实录韩侍郎维传》，《全宋文》或因其缺作者名而尚未收录，内容颇与此相同；又，《全宋文》已从此行状中辑出奏状数篇，而行状本身没有辑出。卷一〇之三"傅尧俞"引范忠宣公撰《墓记》一条，《墓志》十七条，《行状》四条，为《全宋文》所无。卷一二之一"刘挚"引门人刘仿、王知常撰次《行实》十五条，《全宋文》所无。卷一二之二"王岩叟"引张芸叟撰《墓志》二十三条，《全宋文》卷一八一九有张舜民《王岩叟墓志》，仅两行，从《续资治通鉴长编》卷四四五辑出。卷一三之一"范祖禹"引《家传》三十一条，《遗事》十三条，为《全宋文》所无。卷一三之三"陈瓘"引《遗事》三十六条，《范太史遗事》（疑即"范祖禹遗事"）一条，为《全宋文》所无。

第三是从宋代以后的地方志中搜求所得。如今藏日本的《（嘉靖）湖广图经志书》所录《全宋文》未收的宋人文章即有七十七篇，论其内容颇有重要者，论其作者亦有少数名家之遗文，有三十四位作者为《全宋文》所未收，有一人多篇者。尤可珍视者，其中半数以上不见于其他文献。尚有一些文章，《全宋文》虽已据其他文献辑入，但非全文，此处可予替补。如《全宋文》卷六八七四龚盖卿《昭武侯德政碑》，据《（光绪）湖南通志》卷二七〇、《（嘉靖）衡州府志》卷八、《（同治）常宁县志》卷一二等仅录一百三十余字，而《（嘉靖）湖广图经志书》卷一二衡州常宁县录袭盖卿《惠政碑》则有三百余字。显然以后者为完整。且作者之姓实当作"袭"，为朱熹弟子，各书中均有记载，多作袭盖卿，仅少数图书作龚盖卿，《南宋馆阁续录》卷七："袭盖卿，字梦锡，衡州常宁人。淳熙十四年王容榜同进士出身，治《易》。"[1]

又如《全宋文》卷六四五九李诵《平蛮记略》，据《（光绪）湖南通志》卷八三收录，而《（嘉靖）湖广图经志书》卷一九靖州常宁县录李诵《平蛮碑》则在其文前后均有一大段文字，全文为其两倍以上。尚有多篇文章，《全宋文》虽已据其他文献辑入，但《（嘉靖）湖广图经志书》所录可以进行重要校补。其中滕宗谅的两篇文章，对于范仲淹的千古名篇《岳阳楼记》的理解和研究关系重大。《（嘉靖）湖广图经志书》中的《求岳阳楼记书》更为完整，如《全宋文》：

今古东南郡邑，当山水间者比比，而名与天壤同者则有豫章之滕阁，九江之庾楼，吴兴之消暑，宣城之叠嶂，此外无过二三所而已。[2]

《（嘉靖）湖广图经志书》作：

---

[1] （宋）陈骙：《南宋馆阁续录》卷七，续修四库全书本。

[2] 曾枣庄，刘琳主编：《全宋文》卷三九六，上海辞书出版社、安徽教育出版社 2006 年版，第 186 页。

今古东南郡邑，富山水者比比是焉，因山水作楼观者处处有焉，莫不兴于仁智之心，废于愚俗之手，其不可废而名与天壤齐固者，则有豫章之滕阁，九江之庾楼，吴兴之消暑，宣城之叠嶂，此外无过二三所而已。[1]

显然，这是原来应该有的文字。

又如《全宋文》"巴陵西，跨城闉，揭飞观，署之曰'岳阳楼'，不知俶落于何人"，"何人"，《（嘉靖）湖广图经志书》所引作"何代何人"，较胜。又《全宋文》"君山洞庭，杰然为天下之最胜"，《（嘉靖）湖广图经志书》所引作"君山洞庭，杰杰为天下之特胜"，宋抄本《舆地纪胜》卷六九引作"君山洞庭，杰杰然为天下之特胜"，可见以《舆地纪胜》所引为胜，《（嘉靖）湖广图经志书》次之。又"岂不摅遐想于素尚"，《（嘉靖）湖广图经志书》所引作"岂不欲摅遐想于素尚"，均较胜。

至于《岳阳楼诗集序》，除了异文以外，《（嘉靖）湖广图经志书》所引文末多一段落款云：

时庆历六年七月十五日，尚书祠部员外郎、天章阁待制、知岳州军州事南阳滕宗谅谨序。[2]

滕宗谅的《求岳阳楼记书》写于"六月十五日"。但因文中

---

[1]（明）薛纲纂修：《（嘉靖）湖广图经志书》，嘉靖元年刻本。
[2]（明）薛纲纂修：《（嘉靖）湖广图经志书》，嘉靖元年刻本。

又有"去秋以罪得兹郡"之语，于是有人认为既然滕宗谅于庆历四年（1044）到岳州，则《求岳阳楼记书》应写于庆历五年（1045），范仲淹的《岳阳楼记》写于庆历六年（1046）九月十五日，离《求岳阳楼记书》的时间居然有一年零三个月。我曾经在《岳阳楼记事考》中考证了这一问题，认为《求岳阳楼记书》应写于庆历六年（1046）六月十五日。如今《（嘉靖）湖广图经志书》所引《岳阳楼诗集序》文末落款明书庆历六年（1046）七月十五日，事出于一时，我的考证又得到了一条有力的佐证。

需要说明的是，《全宋文》中张栻的《郴州学记》等五篇文章和文天祥的《武冈军学奎文阁记》一篇文章，明注利用了《（嘉靖）湖广图经志书》，则整理张栻和文天祥两位文集的先生是使用了《（嘉靖）湖广图经志书》的。

又如《宋江阴志辑佚》，将目前所见散佚在宋《舆地纪胜》、宋《方舆胜览》、宋《重修琴川志》、明《永乐大典》现存残卷、《（永乐）常州府志》《（弘治）江阴县志》《（嘉靖）江阴县志》等多种文献中的宋《江阴志》史料进行辑佚，并作整理、标点和校勘，本着求全的原则，尽最大努力恢复南宋《江阴志》原有面貌。其中上海图书馆所藏清嘉庆间抄本《常州府志》是辑佚的主要用书，所得资料约占全书的四分之三以上，据王继宗考证，此书应为《永乐大典》卷六四〇〇至六四一八"常州府一至十九"的抄本。[1]《永乐大典》的这十九卷内容，不在已经出版的《永乐大典》

---

[1] 王继宗：《〈永乐大典〉十九卷内容之失而复得——（洪武）〈常州府志〉来源考》，《文献》2014年第3期。

残本之中，特别珍贵。据杨印民先生查考，《宋江阴志辑佚》可补《全宋文》失收者四十九篇，《全宋文》不全而本书全者十四篇，此次除大部分公文以外，已收录本书四十四篇。[1]

第四是宋人法帖。其中收获最丰的是黄庭坚和米芾。此次收录黄庭坚文章三十一篇，其中除从《类编增广黄先生大全文集》《香谱》等处所获以外，有十几篇由金传道辑自《古书画过眼要录（晋隋唐五代宋书法）》《中国书法全集·宋辽金编·黄庭坚卷》《凤墅帖》等。所收米芾的文章五十多篇，则均由金传道辑自宋拓《绍兴米帖》残册、《宝晋斋法帖》《中国书法全集·宋辽金编·米芾卷》《古书画过眼要录（晋隋唐五代宋书法）》等。这些材料无疑是很重要的。今后还将从宋代画题中辑出成句的短文。

第五是《宋人佚简》和《武义南宋徐谓礼文书》。藏于上海博物馆的宋刻龙舒本《王文公文集》，是利用舒州地方政府机构的公文纸纸背刷印的，其纸正面载有大量宋人墨迹，时间为南宋绍兴三十二年（1162）至隆兴元年（1163），1990年由上海市文管会、上海博物馆合编，上海古籍出版社影印出版，名为《宋人佚简》。我当时在上海古籍出版社担任编辑室主任，责任编辑是徐小蛮女史，我们均曾撰文推介这部极其珍贵的图书。1991年，我携论文《绍兴末隆兴初舒州酒务公文研究》参加国际宋史研讨会，得到前辈学者邓广铭教授、漆侠教授等与会大家的充分肯定，较早参与了对《宋人佚简》的研究。此后研究者越来越多，研究也越来越深入，特别是以孙继民先生为首的学术团队，已取得一批系统性

---

[1] 杨印民辑校：《宋江阴志辑佚》，天津古籍出版社2016年版，第13—15页。

的成果。《宋人佚简》全书分为五卷，一至四卷为宋人书简，计三百余通，有"名宦、将士、文人、学者"，涉及六十二人；第五卷为公牍，包括官文书和酒务帐。其内容丰富，涉及政治、经济、军事及书仪和公文程式等，是十分珍贵的宋代实物文献资料。在《全宋文》中，已经整理收录了其中的部分书简，此次汲取相关研究成果整理收录沈庠、周彦、洪适、许尹、杨偰、叶梃、管镇、刘唐褒、钟世明等十九人的书简一百余通。另有大量公文，须尽量确定作者并给以准确定名，正在整理中。

《武义南宋徐谓礼文书》所收手抄文书出自徐谓礼墓葬，内容为徐谓礼一生历官的官文书。[1] 文书共计十五卷，三种文书类型，即告身、敕黄与印纸，包含告身十道，敕黄十一道，其中一道系误录于告身卷帙之末的残文，以及印纸批书八十则，共计约四万字，其中传递的历史信息极为丰富。宋代的寄禄官阶决定官员的级别地位，至少从形式上讲，它是官员最重要的身份标识，告身为朝廷授予官员寄禄官阶的身份证书。授予差遣的敕黄就比告身要简单得多。在徐谓礼文书中，录白印纸占篇幅最多，其所包含的信息也最为丰富。这些印纸批书的内容可分为不同的类型，共计关于拟注差遣一则，转官十则，保状三十三则，到任、交割、解任、帮放请给等十六则，考课十九则，服阕从吉一则，合计八十则，绝大多数批书则仅摘录官员提请批书的申状而已。以上三类文书，形成过程烦琐，很难找到一个自始至终的起草人，而告身和敕黄，从理论上

---

[1] 包伟民、郑嘉励编：《武义南宋徐谓礼文书》，中华书局 2012 年版。

讲，反映了皇帝和朝廷的决定，此次收录，归于宋宁宗和宋理宗名下。印纸的主题内容，显然是由徐谓礼本人提供填写的，虽然最后形成了公文，此次收录，暂归于徐谓礼名下。

第六是宋人墓志铭。对于宋代遗文中的墓志铭部分，研究和搜集的途径是：第一，宋以来数千种金石图书和有金石部分的图书（如地方志）中据石刻记录的宋代石刻文献。第二，国家图书馆、上海图书馆、北京大学图书馆等海内外公私藏家的馆藏宋代石刻拓本。有出版物者利用出版物，无出版物者进行访求，各家所藏拓本多有重合者，宜以较易得者为基础，再搜访与其不重合者，注意拓本时代（不同时代的拓本各有其价值），现存石刻拓本与金石图书所录石刻文献定会有所重合，搜集时不可遗漏，整理时再行处理。一般说来，既见于金石图书、又有拓片者，以收拓片为主，如金石图书所载有优于后来之拓本者，两种可并存。第三，从近现代有关出土石刻的记载和研究论文中取出石刻文献原文和图片，并注意对其考释和研究成果的验证。第四，实地考察搜集资料，新出土的宋代石刻资料，除已见于图书报刊者以外，须一地一地细细搜访。在目前已经初步整理的宋代遗文三百万字成果中，约有一半为宋代墓志铭，其主要来源为：《新中国出土墓志》诸分册、《宋代墓志辑释》《成都出土历代墓铭券文图录综释》《宁波历代碑碣墓志汇编》《丽水宋元墓志集录》《武义宋元墓志集录》《安阳韩琦家族墓地》、绍兴张笑荣会稽金石博物馆藏碑、见之于学术期刊的相关论文，以及由本人主持编纂的《全宋石刻文献（墓志铭之部）》所得拓本等。

五

搜访和整理《全宋文》以外的宋代遗文的工作是难度很高，相当艰苦的。

本项目的重点和难点问题主要有：

第一，辨析材料的真伪。前人编纂地方志和家谱、族谱等文献的时候，出于荣耀乡土和光宗耀祖的心理，往往会不加考证，将一些来源不明、疑似之间的文章率尔收录，有的甚至伪造历史名人的文章，近年来也有一些人出于牟利的目的伪造石刻或拓片。对于这些材料，一定要细心辨析，如确定系伪造，应予剔除，如一时不能确定，应在收录时加以说明。

第二，石刻文字和手写文书的释读。石刻文字如碑记、题名、摩崖石刻、墓志、地券等，其书写出于各色人等之手，字体真、草、隶、篆均有，字形俗体、异体兼备；手写文书，常见行草，且书者习惯各异，常常不易辨认。宋代遗文中这类文献占有不小的比例，释读这类文献，必须具备较高的书法和文字素养，还要善于根据上下文和同类文献进行比对识别，当然，如果一时无法确定，只能付诸阙如，以待高明。

第三，标点整理。《全宋文》所收宋人文章，大部分有文集传世，其中诸多名人的文集，原已有一种乃至数种整理本，可以参考，而《宋文遗录》所收，绝大部分尚未经标点整理，且有不少属于民间文本，与水准较高、较讲究文法的文人文本不同，对其进行准确断句，难度较大。

以下按工序先后予以简述。

辑佚。本项目与已有传世成书古籍的整理不同，其材料是一篇篇、一批批从各种文献资源中搜辑而得的。前已述及，学界已有众多同好撰文公布了自己的《全宋文》增补成果或建议，我对此一直跟踪关注，并予以吸取。但大部分的辑佚工作，仍是自己进行的。搜集的过程艰苦而烦琐，每寻找一篇佚文，都要花费不少时间。找到了可能的佚文以后，还要进行查证，是否确实为宋人文章，《全宋文》是否确实未收。有时仅用文章作者、标题或首句进行核查，因其间有作者异名，有篇名详略，有正文删改等多种情况，往往会发生差错。比如日本藏中国稀见方志《（嘉靖）湖广图经志书》，经过逐卷翻阅查证，初步发现有近九十篇文章为《全宋文》所无，后又用多个主题词反复查对，剔除了十几篇。如《（嘉靖）湖广图经志书》中有宋孛《魁星楼记》，《全宋文》无宋孛之文，本拟收录，后来发现《全宋文》已收有宋渤《魁星楼记》，为同一篇文章，即予割爱。

录文。辑佚所得之宋代遗文，大多来自宋元明清古籍和宋代碑碣、摩崖、墓铭石刻。其中一部分如葛洪《蟠室老人文集》、宋祁《景文集》、周敦颐《元公周先生濂溪集》、朱熹《五朝名臣言行录》《三朝名臣言行录》、日本藏《（嘉靖）湖广图经志书》《宋人佚简》，以及我主持完成的另一个项目"全宋石刻文献（墓志铭之部）"所得宋代墓志等，录文均主要由笔者直接完成，而凡辑自《新中国出土墓志》诸分册、《宋代墓志辑释》《成都出土历代墓铭券文图录综释》《宁波历代碑碣墓志汇编》《武义宋元墓志集录》

《安阳韩琦家族墓地》等众多金石图书和大量学术期刊相关论文及法帖者，均据所载拓本、图片一一核对，其间对原录文颇有改动之处，如取自《新中国出土墓志》江苏常熟卷的许光国墓志铭，原碑多有残损，今据拓本照片补出可辨认之文字二十多个。遗憾的是，有少数图书和论文仅有录文而无图片或有图片而无法辨识。录文如有明显错误，则以括弧加注可能之正字，其他有疑问之处，只能留待他日有条件时再行核对确定了。

校勘。搜辑所得的大部分文章，比如出土墓志铭拓本、文津阁《四库全书》宋人文集的篇章等，均无其他版本可校；而地方志中所收的文章，则时有两种以上文献同时收录，前述《元公周先生濂溪集》和《（嘉靖）湖广图经志书》所得佚文，也有个别同时被收录者，可资校勘。如叶重开《道州学希贤阁记》，既见于《中华再造善本》丛书本《元公周先生濂溪集》卷一〇，又见于《（嘉靖）湖广图经志书》卷一三，两处文字颇有异同，收录时予以比勘，撰写校记六条。当然，在无本可校的情况下，遇有疑问，亦可采用他校或理校的办法。书中所收墓志一类的文章，凡原碑出土地、收藏处所、形态、有无志盖、志盖文字等情况，有资料可稽者，均在校记中加以说明。盖此类信息极有助于研究也。

标点。此项工作分为两种，第一种是已由学术界同仁搜辑整理发表者，我逐字通读，偶见有疑或疏误之处，即尽力核查，试予改进。如取自《宋代墓志辑释》之孙延郃墓志，其首段原作：

公讳延郃，字慕膺，其先乐安人，因利徙家于邺，今为馆陶人焉。周武王封母弟康叔于卫，至武公子惠□而为上卿，后之子孙以字为氏。生类未析同宗，后稷为先，源流既分，遂出卫侯之胤。天台构赋文以擅名，吴宫教战，武以自许。有后之庆，于今可称。[1]

其中之缺字据拓本图可辨认为"孙"，两处骈句应予以标清，今改为："公讳延郐，字慕膺，其先乐安人，因利徙家于邺，今为馆陶人焉。周武王封母弟康叔于卫，至武公子惠孙而为上卿，后之子孙以字为氏。生类未析，同宗后稷为先；源流既分，遂出卫侯之胤。天台构赋，文以擅名；吴宫教战，武以自许。有后之庆，于今可称。"

如采自《上海佛教碑刻文献集》的陈林《隆平寺经藏记》有："以余之浅陋，何以语此，而行清数来，请文所愿，赞其成也，于是乎书。"[2]其间断句有不顺处，今改为："以余之浅陋，何以语此，而行清数来请文，所愿赞其成也，于是乎书。"

如采自《宋江阴志辑佚》的赵孟奎《便民浚河库记》"咸淳乙丑"段"越明年春，条奏郡事，便宜思为经久可行之策"，"便宜"二字当属上读。又下文"首以前政交承帐有管芝楮二万七千七百有奇，拨二万贯置便民库，取其恩以庚费，旨振可"，"恩"疑当作"息"，"振"疑当作"报"。莫伯镕《乾道修学记》"是谓治出于一世衰先王之治具日废"，"世衰"二字似当连读，"一"下或当

<hr>

[1] 郭茂育、刘继保主编：《宋代墓志辑释》，中州古籍出版社2016年版。

[2] 柴志光：《上海佛教碑刻文献集》，上海古籍出版社2014年版。

有"也"字，"世衰"以下可另作一段。

第二种是前人未加标点的文献，如《成都出土历代墓铭券文图录综释》和《安阳韩琦家族墓地》是两部编得很好的学术文献著作，但编者出于谨慎的态度，只对所收录的墓志文献作了录文，而未加标点，我对照书中的碑石拓本照片，反复阅读，施以标点，偶亦有改其录文者。至于由本人自行搜辑的大量佚文，如取自《（嘉靖）湖广图经志书》《元公周先生濂溪集》等处的数百篇佚文，均只能自行录文标点。还有大量只见拓本者，如友人提供的绍兴出土宋人墓志、本人搜求所得之洛阳等地出土墓志、江西抚州出土的圹志墓券等，则根据拓本加以录文，并施以标点。辑录时所用文献，时有漫漶不清，无本可核，部分墓志地券甚而有行草难辨、俗字连篇的情形，则只能耐心识读，不计时日。

分段。此次整理宋代遗文的另一项重要工作为根据各种文章的特点和不同撰写者的撰写方式及起承转合的语境，全部予以分段，以清眉目，便于阅读研究。尽管在我的心目中，大体有一个分段体例，然而数目巨大的宋代遗文写法多样，文风多变，有时亦不得不有所变通。

所收墓志文的墓主标注。除了部分传世墓志已由后人标出墓主姓名以外，多数传世墓志和全部出土墓志从标题到正文均不会有完整的墓主姓名出现，而这对于习惯用人物姓名作为主题词查检的使用者来说，会造成很大的信息缺失。为了弥补此缺失，在此次整理中，我尽力提取或确定志主姓名，加括弧置于墓志标题之后，即使在标题中已有墓主之姓出现，仍标姓名全称，以利于查检。如志主为女性，若能考其身世，则依其在查检中的重要程度，依次标出其本人、其丈夫、其父亲或其儿子的姓名并标示其关系。如志主为僧道人士，标出其法号和俗家姓氏。凡墓主经考证得出者，出校予以说明。

　　文章的时间标注。在各种宋代遗文中，只有极少数会在标题后署上写作时间。而文章的写作时间不仅对于本书的排序至关重要，对于本书使用者的学术研究，也有重要参考价值。为此我在整理过程中尽量提取文章中的时间信息标注于其标题之后。需要说明的是，本书中数量众多的墓志类文章，绝大多数未明书写作时间，只能以其下葬时间标注之，大多数墓志会叙述志主的下葬时间，这个时间是一篇墓志成为"埋铭"的时刻，也是死者被盖棺论定的时刻。写作与下葬的时间一般不会相差太远，如叶适撰《姚君俞墓志铭》，文中曰："卒之六十二日，庆元二年十月辛酉，葬于西山。"文末署："庆元二年九月。"撰文与下葬相差一月。如无确切的写作和下葬时间，而有志主的死亡时间，则暂以其当年或第二年标示之，盖因大多数死者会在当年或第二年下葬，死者也有在死后多年才下葬的，在墓志中一般会有说明。如墓志文中以上三种时间叙述均无，则根据文中所提供的作者历官时间、志主子孙历官时间等各种线索，加以考证，给出大体的时间。凡通过考证得出的或以相邻近的时间暂作标注的，均以校记简要说明。

　　作者小传。按照《全宋文》的体例，凡所收录的文章的作者，均撰有小传。此次所辑录文章的作者，一部分已见之于《全宋文》，我仅做少量改动，并标出其文章在《全宋文》中之卷数（或首见卷数）。如张笑荣会稽金石博物馆藏碑《宋宣教郎吴炎之妻李妙缘墓志》，末署"宣教郎、主管台州崇道观吴炎志"，刘克庄《后村先生大全集》卷一五四有《太学博士吴公墓志铭》，墓主吴炎，中有"改宣教郎……请台州崇道观以归"等语，与《宋宣教郎吴炎之妻李妙缘墓志》之作者自署官衔合，即定为其人。吴炎亦有文章收录于《全宋文》，今据其小传略作补充。至于在本书中居于多数的《全宋文》未收之作者，则努力搜集资料，自撰小传。圹志撰写者大多为志主之子或其他亲属，原志如无署名，即暂标志主之长子，佚名者径标"佚名"。出土墓志之作者，大多据史传撰写，暂无其他资料者，即据其所撰墓志略作叙述，佚名者亦据其所撰文略述之。小传体例不甚严格，凡史传少有记载，生平事迹不甚详之人物，搜集资料不易，尽力钩稽，点滴记载，亦予写入，且或直接引述原始文献，虽似与原体例稍有变化，但有利于研究，学界诸公幸不以为赘也。

这项工作有时亦甚不易。如从《洛阳新获墓志续编》采获《先太夫人万年县君安祔志（王汉女）》，作者为墓主之子，自称"孤云卿"而无姓，又从《宋代墓志辑释》采获《宋故奉议郎权通判石州军州事轻车都尉赐绯鱼袋刘君墓志铭（刘□、刘元瑜子）》，作者自署"秦州真阳县尉、充陈州州学教授张云卿"，遂查考诸多史料定为一人，作小传：

张云卿，神宗、哲宗时河南府（今河南省洛阳市）人。元祐六年（1091）为秦州真阳县尉、充陈州州学教授。文彦博《举张云卿札子》有云："臣切见蔡州真阳县尉张云卿素有学行……应进士举，晚霑一命，士人惜之。兼云卿通经博古，欲望特除一西京学官，必能表帅诸生，亦可敦劝薄俗。"《先太夫人万年县君安祔志（王汉女）》有"太夫人携幼孤归居西京"云云，与文彦博所陈"欲望特除一西学官"相合，或即其人。又范祖禹《大理寺丞张君墓志铭（张淮）》有"将葬，弟泾以河南张君云卿之状来谒铭"等语。见《先太夫人万年县君安祔志（王汉女）》《宋故奉议郎权通判石州军州事轻车都尉赐绯鱼袋刘君墓志铭（刘□、刘元瑜子）》。

其中文彦博所述与张云卿自署合，范祖禹称其为"河南张君云卿"，而《先太夫人万年县君安祔志（王汉女）》有"太夫人携幼孤归居西京……合葬先君太夫人于河南杜泽原"云云，亦相合。

又如见于所撰墓志铭之许光疑，传世文献多作"许光凝"，考"疑"一音"凝"，定也，《诗·大雅》"靡所止疑，云徂何往"，传"疑，定也"，疏"疑音凝，疑者安靖之义，故为定也"，《庄子·达生》"用志不分，乃疑于神"，据此及所署官衔等定许光疑、许光凝为一人，并在其小传中加上"许光疑（'疑'一作'凝'，字通，所撰碑铭多作'疑'，诗书笔记多作'凝'）"一句。

又如赵元杰墓志铭之作者，原碑残损，今据其官衔考为朱巽，因证据尚不充分，在其小传前略作说明。

又如《处州摩崖石刻研究》宋师禹等石门洞残刻（绍兴十六年，1146），考宋师禹即宋汝为，后变姓名为赵复，《全宋文》卷四一五〇有其文，遂据以立其小传。

又如从《新中国出土墓志·河南（二）》采获之刘兼济墓志，碑中撰者名原残作"范□"，自署"朝散大夫、守尚书□□□□知制诰、充□□殿修撰、纠察在京刑狱兼权判尚书兵部兼充宗正寺修玉牒官、骑都尉、高平县开国男、食邑三百户、加紫金鱼袋"，查《宋史·范镇传》，嘉祐中"乃罢知谏院，改集贤殿修撰，纠察在京刑狱，同修起居注，遂知制诰"，与此碑所署合，今定为范镇。

文章排序。本书仍按《全宋文》原例，主要以作者生年排序。然本书所收，均为积少成多之佚文，大多数作者仅有一两篇文章被收录，且大多生平事迹不详，更难考其生年，这就给排序带来了困难。为此在整理每一篇文章时，都要尽量给出作者生活的时代或文章写作的时间，哪怕是时间段或模糊时间。排序的第一依据仍然是作者生年，如无作者生年而此作者的文章已有被收录《全宋文》者，大体参考其在《全宋文》中的卷目先后排入，以上两者均无者按作品写作时间或作者生活时代酌情排序，两者的结合部分一般相差三十到五十年。但这样一定还会带来矛盾。一位作者如果长寿至八十岁，那么其文章的写作时间可能跨五六十年，按照排序的第一依据，这位作者的全部文章一定是集中在一处的。那么那些只有一篇文章被收录且生卒年不详的作者的文章，在与其时代相近的情况下，是置于其前还是其后呢？在这种情况下，只能求得尽量合理的方案了。尽管我已反复斟酌，仍不能尽如人意。

六

《宋文遗录》是对《全宋文》的增补，书名不用《全宋文补编》乃出于三点考虑：第一，可以收录一些《全宋文》已收而内容有较大差异的文章（如滕宗谅的《求岳阳楼记书》及少数出土墓志等）；第二，佚名作者的文章也加以收录，并在作者小传中尽量给出其相关信息，以利区分；第三，编排体例也可稍作变通，如拟收之漏泽园墓志（正在整理中），对墓主的身份介绍内容十分简略，但总体研究价值较大，故不宜按其每一通墓志的时间分散编排；第四，宋代遗文的搜集，特别是出土文献，在三五年乃至十年内是不可能穷尽的，尚有一大批已经初步采集或已经求得线索的文献，如本人已收集在手的墓志拓本，陆续出版或在相关论文中予以披露的各地新出墓志，宋元明方志中的宋文遗珠，《宋人佚简》和《宋江阴志辑佚》中的大量公文，《参天台五台山记》中的百余通公文，抄本宋嘉定间乞颁赐程灵洗庙号封爵文书等，正在努力整理之中。为了让学界同仁得以及时使用新材料，今先整理出版近三百万字，为《宋文遗录》初编，不久的将来再整理出版二编、三编，不断为学术界提供新材料。

尽管我浸润于此十五年，不可谓不努力，但因为此事之繁难实超乎寻常，又限于本人水平，本书一定仍存在很多错误，期待学界衮衮诸公不吝指正。

《宋代民间力量与地方建设研究》绪论

祁琛云

一、研究意义与价值

随着学术视野的下移，学者们越来越关注下层民众在基层社会中的作用与影响，并以民间力量、地方力量、社会力量、非政府力量等称谓来统摄文献中提到的各色民众。然而究竟民间力量具体指哪些民众，似乎很难说清楚。尽管研究者尽量将所有非官方人士都纳入这一范畴，不过受文献记载的限制，往往只能定格于民间社会中的上层人士，也就是所谓的民间精英群体。从先秦时期的士、秦汉时期的豪强、魏晋南北朝时期的门阀士族，到唐宋时期的科举家族以及明清时期的士绅，无不如此。毋庸置疑，无论在哪个历史时期，掌握着话语权与社会资源的民间精英阶层都是基层社会的领袖与权威，当然也是有关基层文献的重点记载对象。精英群体在基层治理中的作用是有目共睹的，从乡村自治体系的主导到地方官员施政的协助，从民间事务的管理到官民之间的沟通，几乎都是民间精英人士在发挥作用。那么除了精英阶层，普通民众是否也在为基层社会做出重要贡献？是否也应该得到关注和研究？毫无疑问，普通民众也是基层治理的重要力量，也有重要的研究价值。然而普通民众能否真正被纳入学术视野是值得深思的话题。普通民众习惯性地被历史书写者"遗忘"在了浩瀚史海的犄角旮旯，在常见文献中很难觅见他们的身影，这就需要我们摆脱传统文献的羁绊，另辟蹊径，进入历史的侧面，探寻民间力量的另一面，而宋代丰富的文献资料为我们做这样的尝试提供了很好的机会。

本文以宋代民间力量参与地方建设为切入点，对宋代基层民众在被官方逐渐"放弃"的地方公共工程领域的贡献进行考察与论析，试图通过对这一问题的深入探究，更全面地展示宋代民间力量，尤其是下层普通民众在基层社会治理中的形象与作用。鉴于本人有限的学术积淀，这种在精英阶层文献包裹中寻觅普通民众踪迹的努力未必能够奏效，但这样的尝试对突破仍然在区域社会史研究中有重要影响的精英史观，使学术触角尽可能地向基层延伸无疑是有意义的，至少能够为下层民众历史生活的探析提供些许借鉴。另外，以往学界更关注民间力量在地方控制、社会教化及社会保障等方面的作用，对其在地方建设中的贡献关注相对较少。本文对宋代民间力量与地方建设做专题研究，不仅可以弥补相关研究的缺失，还可以此为视点，重新审视普通民众在地方治理中的角色与影响。比如在现代社会中，基层的治理与公共领域的建设越来越依靠民众的参与，然而如何合理引导民间力量参与地方建设事业，尚处于探索阶段。全面考察宋代民间力量参与地方建设的史实，展示其在建设中的作用与贡献，对于当前地方公共建设合理利用民间资源、充分调动民众的积极性有重要的启示和借鉴价值。

二、学术史回顾及评析

本文对宋代民间人士参与地方水利、桥道、学校、祠庙、城市及官署等公共工程建设的情况做专题研究。目前，无论是关于民间力量的概念与范畴，还是其对各种工程建设的参与，学术界都有比较全面系统的研究。下文将从总体性与专题性研究两个方面对学界的相关成果加以回顾。

（一）关于宋代民间力量的范畴及其参与地方建设的总体性研究

民间力量作为一种概念或范畴，可以泛指一切非官方的民间群体或个人。关于宋代的民间力量或社会力量，学术界有多种说法，且多倾向于关注其中的核心力量，如社会精英[1]、地方精英[2]、

---

[1] [美]韩明士：《官宦与士绅：两宋江西抚州的精英》，剑桥大学出版社1986年版。

[2] 黄宽重：《从中央与地方关系互动看宋代基层社会演变》，《历史研究》2005年第4期。

豪横长者[1]、中间阶层[2]、巨室富商[3]、富民阶层[4]、强宗豪族[5]、非政府势力[6]、民间权威[7]、乡村精英[8]、民间强势力量[9]、乡村多元权威[10]、乡村多元主体[11]、下层士人[12]、民间处士[13]等。概括而言，学者们所关注的主要是文献中经常出现的民间富人、乡官群体、乡居官员、知识精英、宗族长、宗教人士及其他基层权威人士。相对于这些精英群体，广大普通民众很少被纳入学术研究的范畴。这主要是因为相关资料的匮乏，使我们难以真正走近历史上的普通民众。

关于宋代民间力量参与地方建设的情况，学术界多有讨论，

[1] 梁庚尧：《豪横与长者：南宋官户与士人居乡的两种形象》，《新史学》第4卷第4期。

[2] [日]近藤一成主编：《宋元史学的基本问题》，中华书局2010年版。

[3] 李华瑞：《宋、明对"巨室"的防闲与曲从》，《历史研究》2015年第5期。

[4] 林文勋：《中国古代"富民"阶层研究》，云南大学出版社2008年版。

[5] 王善军：《强宗豪族与宋代基层社会》，《河北大学学报（哲学社会科学版）》1998年第3期。

[6] 王艳华、范立舟：《南宋乡村的非政府势力初探》，《浙江社会科学》2004年第1期。

[7] 张文：《宋朝民间慈善活动研究》，西南师范大学出版社2005年版。

[8] 刁培俊：《宋代乡村精英与社会控制》，《社会科学辑刊》2004年第2期。

[9] 廖寅：《宋代两湖地区民间强势力量与地域秩序》，人民出版社2011年版。

[10] 谭景玉：《宋代乡村社会的多元权威——以民间纠纷的调解为例》，《江淮论坛》2007年第1期。

[11] 王文兵：《多元主体参与下的宋代乡村治理问题研究》，河北师范大学2016年博士学位论文。

[12] 黄云鹤：《唐宋下层士人研究》，河北人民出版社2006年版。

[13] 吕肖奂：《宋代的处士内涵与处士文化》，《西南民族大学学报（人文社会科学版）》2014年第12期。

其中涉及的民间人士包括富民、宗族、士人、僧侣及家庭妇女。如林文勋等长期研究宋代富民阶层的学者对乡村富人在基层水利、桥道、学校、寺祠等公共设施建设中的贡献做了系统探究。[1]廖寅考察了宋代两湖地区民间宗族投身水利工程、桥梁道路、学校祠庙等公共基础设施建设的活动。[2]武亚南简要论述了宋代富裕家族的资产积累及其回馈社会的方式,作者指出,富家大族通过置办族田和房舍来完成资产的积累,拥有大量财产的豪宗巨族除了赡济本族族众外,还积极从事社会慈善与公共工程建设,如兴修水利、架桥铺路、创建学校等。[3]

黄云鹤对唐宋时期的下层知识人参与修建学校、水利、桥道、祠庙等公共设施的活动做了简要考察。[4]高柯立对宋代苏州地区士人群体参与地方事务进行深入系统的探究,他首先对"地方事务"的范围做了界定,指出"地方事务"不仅包括地方官府的赋役、诉讼事务,也包括兴修水利、兴办学校、造桥修路及社会救济等。作为地方精英的士人群体在后一种地方事务中发挥着十分重要的

---

[1] 参见林文勋、谷更有:《唐宋乡村社会力量与基层控制》,云南大学出版社 2005 年版;林文勋主编:《中国古代"富民"阶层研究》,云南大学出版社 2008 年版;薛政超:《唐宋"富民"与乡村社会经济关系的发展》,《中国农史》2011 年第 1 期;张锦鹏:《财富改变关系:宋代富民阶层成长机理研究》,《云南社会科学》2016 年第 6 期等。

[2] 廖寅:《宋代两湖地区民间强势力量与地域秩序》,人民出版社 2011 年版。

[3] 武亚南:《略论宋代宗族的经济活动及其影响》,《大庆师范学院学报》2017 年第 5 期。

[4] 黄云鹤:《唐宋下层士人研究》,河北人民出版社 2006 年版。

作用，同时也借此确立其在地方社会的地位。[1]宋燕鹏系统研究了南宋时期士人群体参与地方公益事业的活动，指出在官方主导下，士人阶层广泛参与社会救济及水利、桥梁、官学、祠庙等公共设施的创修。其参与的方式一是直接出资，二是参与倡议劝募。[2]孔妮妮以朱熹及其周围的理学士人为中心，考察了南宋时期理学士大夫的乡居生活及其社会影响等。[3]汪家华、郑明等撰文考察了两宋时期士人群体推动基层公益慈善事业发展的史实，指出在基层桥梁道路、水利设施及义庄义学的创修中，作为民间精英的士人群体发挥着倡导、组织及管理的重要作用。[4]谭丽对南宋前期地方知识精英参与基层治理的活动做了考论，认为知识精英支持地方公益慈善事业、推动学校祠庙建设是其参与基层治理的重要方面[5]。

除了富民、宗族与民间知识阶层外，宋代寺院及僧侣群体也普遍参与地方公益事业并发挥着十分重要的作用，尤其是在桥梁道路建设方面贡献巨大。如黄敏枝在讨论宋代佛教的社会贡献时，

---

[1] 高柯立：《地方官、士人和社会舆论：宋代苏州地方事务的考察》，《中国社会历史评论》第 10 卷，天津古籍出版 2009 年版。

[2] 宋燕鹏：《南宋士人与地方公益事业之研究》，中国社会科学出版社 2019 年版。

[3] 孔妮妮：《居乡状态中的南宋理学士人——以朱熹为辐射中心的群体探讨》，《学术月刊》2012 年第 2 期。

[4] 汪家华、郑明：《论宋代士人群体公益慈善事业》，《贵州文史论丛》2014 年第 1 期。

[5] 谭丽：《南宋前期地方精英参与地方治理研究》，东北师范大学 2017 年硕士学位论文。

就对僧侣群体参与包括地方建设在内的公益事业做了分析。[1]宋
代福建地区佛教发展迅速，寺院与佛教徒积极参加地方公共建设，
佛教在福建社会公益中的广泛参与引起学者的关注和讨论，如刁
培俊、王菲菲、张大响等分别讨论了闽南、闽东地区佛教徒参与
当地水利、桥道、官署的创修工程。[2]王菲菲另在其硕士学位论
文中集中考察了福建寺院的公益活动，认为宋代以来福建的佛教
得到进一步发展，作为一种特殊的力量积极参与社会公益事业，
如寺院与僧侣主动承担当地路桥、水利、官衙、学宫等工程建设，
为地方建设做出了重大贡献，寺院经济也是当地公益建设经费的
主要来源。[3]除福建外，学者们还对宋代其他地区僧侣参与公益建
设的行为做了专题性考察，如何兆泉、巩丽君、苏世枝等论述了
两浙、江西及广大江南地区佛教徒参与包括造桥铺路、修陂筑堤、
掘井挖泉等公共工程在内的地方公益慈善事业。佛教徒对公益事
业的积极参与，不仅减轻了当地官府与民众的负担，而且在很大
程度上促进了江南社会经济的发展。[4]

此外，美国亚利桑那州立大学的鲍家麟、吕惠慈考察了宋代

[1] 黄敏枝：《宋代佛教社会经济史论集》，学生书局1989年版。

[2] 参见刁培俊、王菲菲：《官府与寺僧：宋元明公益活动的历史书写——以闽
南为中心的考察》，《厦门大学学报（哲学社会科学版）》2014年第5期；张
大响：《佛教与宋代闽东社会生活》，河北大学2008年硕士学位论文。

[3] 王菲菲：《方外与世俗之间——宋元明时期福建地区寺院公益活动研究》，厦
门大学2012年硕士学位论文。

[4] 参见何兆泉：《宋代浙江佛教与地方公益活动关系考论》，《浙江社会科学》
2009年第10期；巩丽君：《宋代江西佛教与社会》，南昌大学2007年硕士
学位论文；苏世枝：《唐宋时期江南地区佛教慈善公益事业研究》，福建师范
大学2009年硕士学位论文。

家庭妇女这一特殊社会群体参与公共事务的活动，介绍了她们参加当地修治堤堰、灌溉田塘、筑路铺桥、掘井架亭、兴办义学及葺建庙宇、造塔造像等基础公共设施建设的事迹。[1]张文也对宋代妇女从事民间慈善的活动进行分析，认为宋代民间富裕家族的女性不仅活跃于扶贫助困、慈幼恤孤等慈善事业中，而且对修陂筑堤、造桥修路等基层公益建设也做出了重要贡献。[2]陈朝云等借助考古材料考察了宋代家庭妇女参与"宅院之外"社会活动的情况，作者发现部分宋代家庭妇女拥有相对独立的宗教信仰，并积极参与公共寺庙的修筑和佛像的塑造等。[3]

以上是宋代民间力量参与地方建设的一些总体性研究成果，下面将按照不同建设领域，分别对有关民间力量参与宋代地方公共建设的专题研究成果加以介绍。

（二）关于宋代民间力量参与地方建设的专题性研究

此节对学界有关宋代民间力量参与农田水利、桥梁道路、官私学校、寺祠宫观、城防设施及官用建筑等地方公共工程建设的研究成果分别加以综述。

1. 宋代民间力量参与农田水利建设的研究

王琳珂对二十世纪八十年代以来有关宋代水利史研究的主要

---

[1] 鲍家麟、吕惠慈：《妇人之仁与外事——宋代妇女和社会公共事业》，载邓小南主编《唐宋女性与社会》，上海辞书出版社 2003 年版。

[2] 张文：《民间慈善：妇女参与社会活动的有效途径——立足于宋朝的考察》，《西南师范大学学报（人文社会科学版）》2005 年第 3 期。

[3] 陈朝云、朱梦园：《考古材料所见宋代女性的活动及社会参与》，《中州学刊》2020 年第 4 期。

成果做了简要回顾，对前人关于宋代农田水利建设及其地域特色的研究做了总结，指出就政府力量与民间力量的参与度而言，北方地区水利建设以政府为主导，南方地区则以社会力量为主。[1]这是关于宋代民间力量参与地方水利建设的基本判断。

（1）关于民众参与农田水利建设的总体研究

漆侠、梁庚尧、汪家伦、葛金芳、程民生等前辈学者在论著中深入分析了宋代民众在各类农田水利设施建设中的作用与贡献[2]，这些成果与学术观点对宋代水利史研究具有重要的参考与指导意义。马玉臣对北宋熙宁、元丰年间兴修农田水利的劳动力与资金来源做了探究，指出官府通过征调民力、招募饥民及户等摊派、鼓励富民出资等方式解决劳力与资金问题。[3]郭文佳对宋代地方官倡劝民众参与农田水利建设的诸种措施加以论析。[4]朱正西等对王安石变法期间颁布的《农田利害条约》所引发的官民农田水利建设的热潮做了考察。[5]尹飞从赈灾救荒、扶贫济穷、恤弱解困及公共工程建设等方面着手，探讨了南宋时期富民阶层在乡村社

［1］ 王琳珂：《宋代水利史研究的回顾与思考》，《华北水利水电大学学报（社会科学版）》2017年第1期。

［2］ 参见漆侠：《宋代经济史》，中华书局2009年版；梁庚尧：《南宋的农村经济》，新星出版社2006年版；汪家伦、张芳：《中国农田水利史》，农业出版社1990年版；葛金芳：《中国经济通史（第5卷）》，湖南人民出版社2002年版；程民生：《宋代地域经济》，河南大学出版社1992年版。

［3］ 马玉臣：《试论熙丰农田水利建设的劳力与资金问题》，《中国农史》2005年第2期。

［4］ 郭文佳：《论宋代劝课农桑兴修水利的举措》，《农业考古》2009年第3期。

［5］ 朱正西、衣保中、董静懿：《试论北宋〈农田利害条约〉的内容及影响》，《山西农业大学学报（社会科学版）》2016年第5期。

会救助中的作用与贡献，在公共工程建设部分考察了富民或独资，或与官方联合出资，或倡导其他民众共同出资兴修乡村水利、交通及文教等公共设施的情况。[1]赵瞳在对北宋时期农业经济进行专题研究的基础上，对当时南北方农田水利建设做了较为深入的考察。不过其考察的重点是官方主导下的水利设施建设，对广大民众在农田水利建设中的作用与贡献关注不够。[2]王琳珂从官方的角度对北宋水利建设的规划管理及人工、物料、资金来源等问题按类加以详尽考察，其中关于资金来源问题，作者将由"地方有力之家"提供的民间资金也视为政府资金的一部分，原因是水利工程由政府主导修建，故民间资金也属于政府主导的资金。这一点，与多数学者的观点有所区别。[3]朱汉明认为，受宋代官方普遍重视水利工程观念的影响，民众积极参与水利兴建，尤其是王安石变法期间，无论是富民巨贾还是普通百姓，均投身于水利建设。[4]

（2）关于民众参与宋代区域性水利建设的研究

水利建设与区域社会经济发展关系密切，学者们在研究水利建设时，往往将相关研究置于一定地域范围内进行讨论，地域方面的研究相对比较集中。

两浙地区是宋代农田水利建设的重点区域，当地民众积极参

---

［1］ 尹飞：《"富民阶层"与南宋乡村社会救助》，湖南师范大学 2017 年硕士学位论文。

［2］ 赵瞳：《北宋农业研究》，郑州大学 2017 年博士学位论文。

［3］ 王琳珂：《北宋政府水利建设若干问题研究》，河北大学 2017 年硕士学位论文。

［4］ 朱汉明：《试论宋代的水利事业与水利发展》，《山东水利》2005 年第 8 期。

与创修水利工程的现象也是宋代水利史研究的热点问题。如施正康分析了宋代两浙地区水利建设的人工与资金来源问题，对民众在水利兴建中的作用予以充分肯定。[1]陆敏珍在《唐宋时期明州区域社会经济研究》一书中考察了唐宋时期明州地方民众参与农田水利建设和水利设施的经营管理等活动。[2]贾倩和金城等学者也参与了明州民众兴修水利的讨论。贾倩具体分析了南宋时期四明地区水利建设主体从官方向民间下移的过程及原因，指出随着区域水利开发的不断深入，民间力量在水利建设中发挥出越来越重要的作用，并分析了该地区民间力量积极参与水利建设的原因。[3]金城考察了宋代明州地区海塘和碶堰等水利设施建设的概况，在对水利兴修主导者的统计中，提到了当地民众出资并主持工程建设的情况。[4]金城还对宋代明州水利设施建设经费的来源做了专题讨论，指出其经费以地方政府筹资与民间捐助为主，而富民捐献与受益之家按亩均摊是民众出资的主要模式。[5]钱克金等对宋代太湖地区官民兴治昆山塘、白茆港、吴淞江等水利工程的活动及该地区水利兴修的特点与制约因素做了系统论析。[6]王文昌对宋代太

---

[1] 施正康：《宋代两浙水利人工和经费初探》，《中国史研究》1987 年第 3 期。

[2] 陆敏珍：《唐宋时期明州区域社会经济研究》，上海古籍出版社 2007 年版。

[3] 贾倩：《南宋四明地区水利开发研究》，云南大学 2019 年硕士学位论文。

[4] 金城：《宋代江南滨海地区水利建设——以明州为个案的考察》，《宋史研究论丛》（第 24 辑），科学出版社 2019 年版。

[5] 金城：《宋代明州水利设施建设经费来源考察》，《温州大学学报（社会科学版）》2017 年第 5 期。

[6] 钱克金、张海防：《宋代太湖地区农业水利的治理及其社会环境因素的制约》，《中国经济史研究》2009 年第 1 期。

湖流域农田水利建设的组织形式与资金、劳力等问题进行专题研究，指出无论是水利工程建设的组织管理还是经费与劳力的筹措，当地民众都积极参与其中。[1]康武刚对温州地区水利兴建的经费来源问题展开集中讨论，指出各级政府及民众共同构成了多样性的建设经费筹措主体，其中由富民、乡绅、世家大族等构成的民间集资是最广泛的水利建设资金筹集方式。[2]刘恒武、金城考察了宋代两浙路兴建塘、堰、堤、碶等海洋灾害防御与农田水利设施建设的资金来源问题，称除了大型海防工程建设经费由中央直接调拨外，其余大部分中小型工程设施的创修都是通过地方政府筹资和民间捐献，其中民间中、上户等大富之家是主要出资者。[3]苏颂对宋代两浙滨海地区民众建设圩田、修建海塘等水利设施的活动做了系统考察，指出水利建设大大促进了当地农业经济的发展。[4]

学界还对宋代以河南为中心的黄河流域及江南地区广大民众参与农田水利建设的情况做了考察与分析。如日本宋代研究的前

---

[1] 王文昌：《唐宋时期太湖地区水利问题研究》，扬州大学 2011 年硕士学位论文。

[2] 康武刚：《南宋东南沿海地区水利修筑的经费筹措——以温州地区为例》，《传统中国研究集刊》2014 年第 1 期；康武刚：《宋代温州滨海平原水利开发的经费来源与筹措方式探析》，载魏明孔、赵学军主编《中国经济发展道路的历史探索：首届中国经济史博士后论坛论文精选集》，九州出版社 2015 年版；康武刚：《宋代浙南温州滨海平原埭的修筑活动》，《农业考古》2016 年第 4 期。

[3] 刘恒武、金城：《宋代两浙路海洋灾害防御工程资金来源考察》，《上海师范大学学报（哲学社会科学版）》2017 年第 1 期。

[4] 苏颂：《宋代两浙滨海地区土地开发探析》，《宋史研究论丛》（第 25 辑），科学出版社 2019 年版。

辈学者斯波义信先生在《宋代江南经济史研究》一书中，以南宋袁州州城附近的大型水利设施李陂的修护为例，专题讨论了以当地贡士李发为首的袁州士绅组成的水利组织在李陂改造修护工程中倡导、规划与管理方面所发挥的重要作用。[1]施由民对宋代江西地区官民创修万柳堤、李渠、郑公陂、千金陂等重要水利设施的事迹加以考述，该文充分体现了宋代江西农田水利建设的重要成就，不过主要是从官方的角度着手，突出了地方官在水利兴建中的作用，对广大民众的贡献体现不足。[2]廖寅在讨论宋代两湖地区民间强势力量与公共工程建设时考察了这一地区大族、富民等强势阶层参与和主导堤防、陂堰、河道等水利设施的创修过程。[3]陈曦以宋代荆湖北路为例，对州县官员与基层民众在地方水利建设与水利秩序构建中的作用与影响做了具体分析。[4]何彦超对宋代福建大型水利工程木兰陂的创修过程及其对后世的影响做了深入系统的论析，重点考察了北宋中期当地富民钱四娘、林从世、李宏等相继出资创修木兰陂的事迹。[5]梁中效对两宋时期汉水上游的兴元、安康盆地一带官民兴修和维护山河堰等水利设施的事迹做了

[1] [日]斯波义信：《宋代江南经济史研究》，方健、何忠礼译，江苏人民出版社 2012 年版。

[2] 施由民：《唐宋时期江西的水利建设述论》，《农业考古》1993 年第 3 期。

[3] 廖寅：《宋代两湖地区民间强势力量与地域秩序》，人民出版社 2011 年版。

[4] 陈曦：《宋代长江中游的环境与社会研究：以水利、民间信仰、族群为中心》，科学出版社 2015 年版。

[5] 何彦超：《木兰陂与宋清时期区域水利社会研究》，南京农业大学 2015 年硕士学位论文。

探析。[1]魏天安、李晓荣撰文探讨了北宋时期河南地区农业发展的概况，对在政府主导下民众参与农田水利建设的史实加以论析。[2]日本学者吉冈义信对宋代民众参与黄河堤防修筑与水患治理的史实做了考察。[3]郭志安、王照年、周珍等分别从不同角度对北宋时期的黄河泛滥与河患治理做了论析，其中涉及广大民众被动参与河防工程修建的情况。[4]郭志安另外撰文考察了北宋黄河治理所需物料的来源、筹集途径及河患治理给民众造成的沉重负担。[5]王战扬对宋代河道治理工程中劳动力与经费做了考察，认为宋代治河劳役以役兵为主，役民为次，这是统治者爱惜民力的重要体现。资金来源方面，除了政府调拨外，富民、家族组织及寺院等社会力量的捐献与集资也是治河经费的主要来源。[6]

江南作为一个泛指的地域概念，涵盖了上述大部分地区，多数学者习惯以江南作为大的空间范围，对水利发达的长江以南地区民众参与水利兴修的史实进行考察。如日本学者长濑守具体考察了宋元时期江南地区以民间力量为核心的基层水利共同体在农

---

[1] 梁中效：《宋代汉水上游的水利建设与经济开发》，《中国历史地理论丛》1995 年第 2 期。

[2] 魏天安、李晓荣：《北宋时期河南的农业开发》，《中州学刊》2001 年第 4 期。

[3] [日] 吉冈义信：《宋代黄河史研究》，薛华译，黄河水利出版社 2013 年版。

[4] 郭志安：《北宋黄河中下游治理若干问题研究》，河北大学 2007 年博士学位论文；王照年：《北宋黄河水患研究》，西北师范大学 2005 年硕士学位论文；周珍：《北宋仁宗时期黄河水患应对措施研究——以河北东路为中心》，上海师范大学 2008 年硕士学位论文。

[5] 郭志安：《论北宋黄河物料的筹措与管理》，《历史教学》2011 年第 12 期。

[6] 王战扬：《宋代河道管理研究》，河南大学 2016 年硕士学位论文。

田水利设施建设与管理中的作用。[1]成岳冲对宋代宁波地区水利共同体的历史贡献做了分析与评价。[2]梁庚尧等学者对江南地区盛行的大型水利工程——圩田的相关问题展开集中讨论，如梁氏发表《南宋的圩田政策》等文章，专题论述了宋代圩田兴起的原因、管理政策与经营模式、民间力量主导圩田建设的局限性及各级政府在财力、人力、物力方面的支持。[3]周藤吉之、长濑守、斯波义信等也对宋代的圩田建设加以论析。[4]此外，曹强、郭凯等对两宋时期民间力量参与江南地区圩田建设的活动进行专题研究，指出圩田的建设在促进江南农业经济大发展的同时也引发了严重的生态危机。[5]孙垂利以宋代江南地区为研究对象，对民间人士为水利设施建设提供经费、参与管理的史实做了考察，并对参加水利建设的民间力量的身份进行归类分析。[6]张俊飞考察了宋代江南水利建设经费筹措的途径，指出在江南水利建设中，出现了"以国家财政拨款为主、地方与民间合作或民间独立承担"多元化

［1］［日］长濑守：《宋元水利史研究》，国书刊行会1983年版。

［2］成岳冲：《浅论宋元时期宁波水利共同体的褪色与回流》，《中国农史》1997年第1期。

［3］梁庚尧：《南宋的圩田政策》，《书目季刊》第8卷第1期。

［4］［日］斯波义信：《宋代江南经济史研究》，方健、何忠礼译，江苏人民出版社2012年版。

［5］曹强：《宋代江南圩田研究》，安徽师范大学2005年硕士学位论文；郭凯：《两宋时期江南圩田的发展及其影响》，南京农业大学2009年硕士学位论文。

［6］孙垂利：《从在水利事业中的作用看宋代的民间力量——以江南地区为中心考察》，《井冈山学院学报》2006年第2期。

筹资方式。[1]康武刚对宋代江南地区水利建设所需劳动力的筹措问题做了分析，称宋代常设的水利工程类部队诸如捍江兵、开江兵、堰军等承担着江南地区许多重要水利工程的建设任务，这在很大程度上减轻了民众的劳役负担。[2]

2. 宋代民间力量与桥梁道路建设研究

桥梁道路建设属于交通史研究的范畴，关于宋代交通史，曹家齐长期深耕于此并推出多部专著，如《宋代交通管理制度研究》《唐宋时期南方地区交通研究》及《宋代的交通与政治》等，这些著作分别对宋代的交通管理、交通与区域社会发展、交通与政治的关系等问题进行研究。在《唐宋时期南方地区交通研究》第五章中曹家齐对从唐到宋各地区道路与桥梁建设做了系统考察，指出与唐代相比，宋代在基础交通设施建设方面取得长足发展，而这与地方政府的大力推动、民众的积极参与分不开。[3]张锦鹏的《南宋交通史》一书也对南宋时期驿道、桥梁、街衢等交通基础设施的建设做了考察。[4]

学界在宋代桥梁与道路建设研究方面取得了丰硕的成果。这些成果从不同侧面反映了宋代民间力量参与地方交通设施建设的

［1］　张俊飞：《宋代江南地区水利建设经费来源讨论》，《宁波大学学报（人文科学版）》2014 年第 6 期。

［2］　康武刚：《宋代江南水利建设中劳动力的筹措》，《农业考古》2014 年第 3 期。

［3］　曹家齐：《宋代交通管理制度研究》，河南大学出版社 2002 年版。

［4］　张锦鹏：《南宋交通史》，上海古籍出版社 2008 年版。

史实。[1]现有研究成果表明，参与桥梁建设的宋代民间力量有僧侣、富民、乡绅等，其中僧侣阶层最为活跃，贡献也最大。基于此，下文将对有关宋代僧侣和其他民众参与桥梁建设的研究成果加以概述。

（1）关于宋代僧侣与桥道建设的研究

很多学者都关注到了佛教徒在桥道建设中的贡献。如方豪在《宋代僧徒对造桥的贡献》一文中对宋代佛教徒在造桥资金筹募、建设工程监管及桥梁重建等方面的贡献做了深入探析。杨文新和李玉昆考察了宋代僧侣在福建桥梁修建中的作用与贡献。其中，杨文新具体统计了僧侣修建的桥梁数量及其参与修建的方式，认为僧徒是宋代福建桥梁建设的主要参与者。[2]关注宋代泉州桥梁建设的学者还有程光裕、李意标、黄国荡[3]等，他们分别从不同角度讨论了在泉州桥梁修造中，僧人及其他社会力量做出的重要贡献。钟振振在对宋人撰写的城市桥梁记文分析的基础上指出，城市僧人群体在桥梁建设中发挥着极其重要的作用。从资金的筹集到工程的主持、后续的维护管理，均有佛教徒参与其间。[4]孟传鲜对南宋时期各地区桥梁建设做了专题研究，认为私人捐资是造桥

[1] 康武刚：《宋代桥梁研究述论》，《华北水利水电学院学报（社会科学版）》2012年第4期。

[2] 杨文新：《宋代僧徒对福建桥梁建造的贡献》，《福建教育学院学报》2004年第1期；李玉昆：《僧侣在宋代泉州造桥活动中所起的作用》，《法音》1984年第2期。

[3] 李意标、黄国荡：《南宋泉州桥梁建筑》，《福建论坛》1985年第3期。

[4] 钟振振：《宋代城市桥记刍议》，《江海学刊》2004年第1期。

经费的主要来源。僧侣群体广泛参与桥梁建设，他们不仅多方募资，而且参与桥梁设计、工程监督与修缮管理，是南宋时期推动桥梁建设事业发展的重要社会力量。[1]张涛、宋三平考察了宋代江西主要驿道、桥梁、渡口等交通设施的修建与维护情况，其中涉及当地僧侣等民间人士参与桥梁建设的活动。[2]商秀叶对从宋到明福建桥梁设施建设的经费来源、投资主体与类型做了系统考察，指出两宋时期随着福建社会经济发展迅速，桥梁设施投资主体呈多元化发展态势，其中积累大量财富的富民大族与受因果业报思想影响的僧人是主要投资人。[3]葛莹在考察唐宋时期桥梁营缮资金的来源途径时，对宋代普通民众与僧侣集资造桥的活动做了具体介绍，并分析了僧侣群体热衷桥梁建设的原因等。[4]

（2）关于宋代其他民众与桥道建设的研究

富民、乡居士人、家族长及其他民众也以各种方式投入桥道建设中，以下便是以富民士绅等为首的民间精英支持桥道创修的研究成果，其中也包括部分与其他民众联合造桥修路的佛教徒的事迹。如吴鸿丽认为，富商的投资与僧人的募捐是两宋时期泉州地区出现桥梁建设热潮的主要因素。[5]王宇以宋代温州平阳桥梁

［1］ 孟传鲜：《南宋桥梁史专题研究》，湖北大学 2008 年硕士学位论文。

［2］ 张涛、宋三平：《宋代江西地区交通建设与维护述论》，《南昌航空大学学报（社会科学版）》2009 年第 3 期。

［3］ 商秀叶：《10—15 世纪福建桥梁投资问题研究》，云南大学 2011 年硕士学位论文。

［4］ 葛莹：《唐宋桥梁管理制度研究》，湖南师范大学 2018 年硕士学位论文。

［5］ 吴鸿丽：《两宋时期泉州地区造桥热潮的原因探析》，《泉州师范学院学报（社会科学版）》2006 年第 1 期。

建设为例，具体分析了宋代两浙地区民众受佛教福报观念的影响捐资建桥的现象。[1]宋姝瑶对宋代富民与士绅投身桥梁道路建设的行为及原因做了分析，认为民间知识分子的倡导、佛家福田思想的影响等是民众积极捐资造桥修路的重要原因。[2]宋燕鹏、张素格撰文分析南宋时期地方士人群体参与桥梁建设的行为及其原因。研究指出，作为地方精英，民间士人或直接提供资金，或通过参与工程建设的组织管理支持桥道建设。作者认为士人群体的自主意识、政府施政能力的萎缩及僧侣阶层在路桥建设方面的表率是推动南宋士人关注并积极参与桥道建设的主要因素。[3]余海涛撰文介绍了北宋中期泉州富人陈宠、王实、卢锡及僧人宗善等发起并建造历史上第一座跨海梁式大桥洛阳桥的过程。该桥的修造，是宋代民间力量参与地方建设的集中体现。[4]郭志安考察了北宋时期黄河流域民众修葺黄河桥梁的史实，与南方民众多主动投身桥道建设不同，北方民众多是在官方督劝下被动参与的。[5]官性根在考察宋代四川地方官在桥梁修造方面的贡献时称，虽然部分地方官积极推动桥梁建设，解决民生问题，但是在地方财力

[1] 王宇：《宋代两浙地区桥梁的捐建——以张绍宽编民国〈平阳县志〉平阳石桥碑记为个案》，《浙江方志》2008 年第 1 期。

[2] 宋姝瑶：《北宋北方地区交通与经济发展研究》，河北大学 2013 年硕士学位论文。

[3] 宋燕鹏、张素格：《南宋地方桥梁的修建与士人参与》，《山西师范大学学报（社会科学版）》2013 年第 1 期。

[4] 余海涛：《泉州洛阳桥刍论》，《佳木斯大学学报（社会科学版）》2019 年第 2 期。

[5] 郭志安：《论北宋黄河桥梁的维护与管制》，《保定学院学报》2019 年第 6 期。

不足或州县官吏不作为的情况下，以富绅、僧侣为首的社会力量出面组织修建桥梁成为"一种比较常见的现象"。[1]张杨考察了宋代桥梁建设经费的来源问题，认为大型桥梁建设以政府出资为主，中小型桥梁的创修经费由商人、僧侣及其他普通民众筹集。[2]唐春生运用公共经济学理论，分析宋代州县桥梁的供需问题，该文试图突破传统研究模式，对宋代桥梁建设资金的来源重新加以解读。他将桥梁视为公共产品，讨论了其供给的主要方式，即政府独资供给、民间独资供给、官民合作供给、消费者供给等，其中后三种实际上都是以民间力量为主体参与作为公共产品的桥梁建设。[3]庄景辉考察了两宋时期富绅、乡士在涂岭驿道上创修桥梁的史实。[4]此外，王文楚对北宋东西两京之间的驿道及其建设情况做了十分细致的考论[5]，陈泽芳也考察了南宋时期潮州地区修建驿道的史实，但上述两文均未提及普通民众在驿道建设中的作用与贡献。[6]任峙、冯倩分别对宋金时期的桥梁及宋元时期浙江地区桥梁做了专题研究，但没有涉及桥梁建设的工费问题，也没有

---

[1] 官性根：《试析宋代四川州县长官在桥梁建设中的作用》，《地方文化研究辑刊》（第 6 辑），巴蜀书社 2013 年版。

[2] 张杨：《宋金桥梁建造与维护管理研究》，河北大学 2011 年硕士学位论文。

[3] 唐春生：《准公共产品视角中的宋代州县桥梁供给体制》，《天府新论》2014年第 2 期。

[4] 庄景辉：《宋代涂岭驿道的桥梁建设》，《闽南师范大学学报（哲学社会科学版）》2020 年第 2 期。

[5] 王文楚：《北宋东西两京驿路考》，《中华文史论丛》2008 年第 4 期。

[6] 陈泽芳：《南宋蒙元时期潮州驿道建设的政治功能》，《韩山师范学院学报》2009 年第 1 期。

具体考察民间力量的贡献。[1]

3. 关于宋代民间力量与官私学校建设研究

这里所说的官私学校概指由官府主导的地方府、州、县各级官办学校及由民间人士创办的书院、义塾等私人教育机构。学术界对宋代民众参与官学和私学建设的情况均有涉及。

（1）关于民间力量参与宋代各级官学建设的研究

宋代官学教育发达，长期以来是学界探讨的重点话题。有关二十世纪以来宋代官学的研究状况，田甜、聂有超做了简要概述，从他们的统计来看，学界的研究成果主要集中于宋代官学学制、北宋兴学与官学发展等方面，对官学兴建相关问题讨论较少。[2]当然这主要与该文对学界研究成果统计不完整有关，相比之下，姜锡东、魏彦红对近年来以来宋代官学研究成果的述评更为全面。其《近十年来宋代官学研究述评》一文对近年来学界有关宋代从中央到地方各级官办学校研究成果进行全面系统的分析与述评，指出目前宋代官学教育研究领域广泛、视角独特，取得了许多有重要影响的成果，但同时也存在选题重复严重、研究深度不够、系统研究的专著较少等问题。[3]该文对学界有关宋代官学教育研究的全面介绍与深入剖析，为本文的撰写提供了重要参考。

---

[1] 任峥：《宋金桥梁研究》，河南大学 2007 年硕士学位论文；冯倩：《浙江宋元时期桥梁研究》，浙江大学 2011 年硕士学位论文。

[2] 田甜、聂有超：《20 世纪以来宋代地方官学研究综述》，《和田师范专科学校学报》2010 年第 2 期。

[3] 姜锡东、魏彦红：《近十年来宋代官学研究述评》，《河北师范大学学报（教育科学版）》2014 年第 2 期。

民众在官方的倡导下积极参与官学的创修和重建，为官学的繁荣做出了重要贡献。尤其在建学经费方面，民间财富提供了极大的支持。学者在集中讨论宋代官学经费问题时，对民间财富支持官学建设的史实也加以论述。如早在二十世纪八十年代，黄书光就对多元化的宋代官学经费来源做了考析，指出由民间人士提供的"社会支助"是官学经费的四大来源之一。[1]郭九灵也在分析宋代县学经济来源时，指出政府拨款、官员捐资、民间出资是宋代县学建设经费的主要来源，而地方上的吏、豪富、大姓、士人、县学生等是主要出资人。[2]韩凤山在《北宋多渠道筹措官学经费述论》一文中对北宋时期官方建学与办学经费的筹措方式做了考察，认为除了政府拨款外，民间捐助也是"地方官学建校经费的重要辅助部分"。[3]韩凤山还在其博士学位论文《唐宋官学制度研究》中对从唐到宋官学经费筹措途径做了系统考察，指出与唐代主要靠政府拨款相比，宋代采取多途并举的官学经费筹集方式，社会集资办学是一大特色。[4]刘畅在学位论文《宋代官学经费制度研究》中对宋代官学经费的筹措、使用、管理等问题加以系统分析，指出宋代官学经费筹措途径呈多元化特征。政府通过多种方式解决办学经费，鼓励社会力量捐资助学，为官学的兴建与运行提供

［1］ 黄书光：《宋代地方官学考析》，《华东师范大学学报（教育科学版）》1986年第4期。

［2］ 郭九灵：《宋代县学》，河南大学2000年硕士学位论文。

［3］ 韩凤山：《北宋多渠道筹措官学经费述论》，《社会科学战线》2002年第2期。

［4］ 韩凤山：《唐宋官学制度研究》，东北师范大学2003年博士学位论文。

了坚实的保障。[1]高楠、宋燕鹏全面考察了宋代富民融入士流社会的途径，即通过藏书、办学、助学、游学等方式与士人阶层建立广泛联系，借此为子弟进入仕途创造便利条件。在办学与助学部分，对富民捐财捐物创修官学与书院的行为加以考察。[2]杨杰考察了宋代江西路地方官学的兴建过程与资金来源问题，也认为官学资金以官方拨款为主，民间资金是重要的补充。[3]康武刚等对宋代安徽州县学建设与发展的情况做了分析，在论及办学经费来源问题时指出："财政拨款与民间捐助是其办学经费的主要来源"。[4]郭艳艳在对宋代学记文本分析的基础上，指出两宋时期官学建设资金主要有"官给"与"民助"两个来源途径，其中民间的资金主要出自州县学生、富裕民众、乡老、士人等民间人士的捐助。[5]宋燕鹏对南宋民间士人参与官学建设的活动做了专题研究，指出民间士人通过资金参与和非资金参与两种方式支持官学修建，其中资金参与就是为修学工程提供经费，非资金参与是指民间士人受官方委托参与修学工程的组织管理等。[6]另如陈磊对北宋中后

[1] 刘畅：《宋代官学经费制度研究》，河南大学 2007 年硕士学位论文。

[2] 高楠、宋燕鹏：《宋代富民融入士人社会的途径》，《史学月刊》2008 年第 1 期。

[3] 杨杰：《两宋江西的官学、书院与科举》，江西师范大学 2008 年硕士学位论文。

[4] 康武刚、李碧虹：《宋代安徽的州县官学发展》，《社科纵横》2013 年第 10 期。

[5] 郭艳艳：《宋代地方官学建校资金来源探究——侧重于对学记文本的分析》，《衡阳师范学院学报》2011 年第 1 期。

[6] 宋燕鹏：《南宋地方官学的修建与士人参与》，《安徽师范大学学报（人文社会科学版）》2012 年第 1 期。

期华亭人卫公佐父子响应政府号召捐财献地、协助官府创修县学的事迹做了考察。[1]薛东升对南宋州县学地域分布、经费来源与支出情况做了论析。[2]白旭对南宋两浙地区州县官学创修的背景、方式、影响等做了全面考察，并对官学修建参与者的身份做了分析，指出除了各级地方官外，在籍学生、当地士绅和理学家等民间人士也是官学修建的主要参与人。[3]

此外周愚文、赵铁寒等台湾学者及郭宝林、陈国灿、胡青、石涛、郭九灵、黄书光、刘锡涛、孙显军、雷家宏、马泓波、唐德荣、吕旭峰等大陆学者在探讨宋代地方官学教育时也或多或少涉及民众参与州县官学建设的活动，具体可参见前文提到的姜锡东、魏彦红撰写的《近十年来宋代官学研究述评》相关内容。

（2）关于民间力量与宋代书院等私学建设的研究

邓洪波[4]、李弘祺[5]、王炳照[6]、蒋建国[7]等学者对二十世纪二十年代到二十一世纪初有关书院教育的研究成果做了全面系统

［1］ 陈磊：《华亭地区宋元时期的儒学发展》，《传统中国研究集刊》2018年第1期。

［2］ 薛东升：《南宋州县学研究》，辽宁大学2016年硕士学位论文。

［3］ 白旭：《南宋两浙路州县学修建问题研究》，四川师范大学2018年硕士学位论文。

［4］ 参见邓洪波：《解放前中国书院史研究述评》，《岳麓书院通讯》1986年第1期。

［5］ 李弘祺：《中国书院史研究——研究成果现状与展望》，《白鹿洞书院通讯》1991年第1期。

［6］ 王炳照：《书院研究的回顾与展望》，《中国书院》（第1辑），湖南教育出版社1997年版。

［7］ 蒋建国：《20世纪中国书院学研究》，《湖南大学学报（社会科学版）》2003年第4期。

的介绍与述评，对本文研究宋代私学教育机构建设有重要的指导意义。从以上学者的回顾与评析可以看出，近百年来，书院教育一直是学术界关注的热点问题，海内外相关研究既全面系统又相当丰硕。由于本文仅涉及宋代民间力量兴办书院的史实，因此在学术史回顾中，以下只对两宋时期民间人士参与书院及其他私学教育机构建设的成果略作介绍。

　　陈谷嘉、邓洪波系统考察了宋代书院的发展历史，认为两宋时期书院的勃兴与民间力量的大力支持分不开，有约百分之七十以上的书院是由民众出资创办的，故广大民众尤其是民间知识分子是推动书院教育发展的核心力量。[1]邓先生还撰文对南宋理学家在书院教育方面的贡献做了专门论析，指出理学家们积极"谋求官方和民间两种力量共同推进书院的建设"，使书院成为与州县官学并存的教育模式。[2]司芳在考察两宋时期书院教育兴起与发展过程的基础上，对富商、士绅等拥有大量财富的民众出资创办书院的原因和动机加以探析。[3]马泓波对文献中记载的北宋时期书院的类别与源流等做了详细考辨。[4]张显运、吴建军分别撰文考察了北宋时期河南地区书院教育兴盛的原因、管理模式及其成就等，并指出"民办官助"是河南书院不同于其他地区书院教育的重要特

[1] 陈谷嘉、邓洪波著：《中国书院制度研究》，浙江教育出版社1997年版；邓洪波：《中国书院史》（增订版），武汉大学出版社2012年版。

[2] 邓洪波：《理学家与南宋书院的兴起》，《湖南大学学报（社会科学版）》2006年第6期。

[3] 司芳：《宋代书院考略》，《岭南文史》1988年第1期。

[4] 马泓波：《北宋书院考》，陕西师范大学2002年硕士学位论文。

点。[1]李洁在对宋代福建地区书院教育做整体考察的基础上，对书院创建者的身份及建设资金的来源等加以论析，指出福建路书院的创办者中既有各级官员与知名士大夫，也有乡士绅民与世家大族，其经费来源也以民间士人出资为主。[2]邹锦良、崔丽君对宋代江西民间知识阶层主导书院建设的史实做了系统考察，统计指出约百分之七十以上的书院由地方名儒、世家大族、致仕乡居士大夫及生徒倡导或出资兴办，上述民间力量的广泛参与是两宋江西书院教育蓬勃发展的主要动力。[3]李劲松的《北宋书院研究》一书对北宋一朝的私学教育机构进行专题研究，对富民、宗族、乡居士大夫、民间知识人等民间力量在书院建设中的作用与贡献做了全面考察，指出民间力量是书院建设与私学教育发展的主要动力。[4]郭小曼在讨论宋代书院经费管理制度时，重点考察了书院经费的来源与支用情况，其中在来源途径方面，作者认为官府置拨、官绅民众捐助、书院自身经营是三种最主要的来源途径。[5]刘河燕也考察了宋代书院经费收支的问题，指出作为"乡党之学"的书院，其经费主要来自私人捐助，出资者包括民间学者、官绅、商人、大家族等。书院经费除了养士和维持日常开支外，主要用于

[1] 张显运：《简论北宋时期的河南书院》，华中师范大学 2003 年硕士学位论文；吴建军：《试论北宋时期的河南书院教育》，郑州大学 2007 年硕士学位论文。

[2] 李洁：《宋代福建路书院研究》，上海师范大学 2007 年硕士学位论文。

[3] 邹锦良、崔丽君：《宋代江西民间书院与地方社会新论——以地方知识阶层的参与为视角》，《江西师范大学学报（哲学社会科学版）》2009 年第 2 期。

[4] 李劲松：《北宋书院研究》，黑龙江教育出版社 2011 年版。

[5] 郭小曼：《宋代书院经费制度研究》，河南大学 2008 年硕士学位论文。

书院设施的创修与维护。[1]胡锋吉、季旭峰考察了两宋时期处州地区理学家和民间知识分子创办书院的活动。[2]郑金瑶在考察南宋时书院的地理分布时指出，区域社会经济的发展水平在很大程度上决定着依靠民间财富支持而创办的书院的地域格局。[3]陈磊撰文对宋代华亭富绅、大族及民间知识分子创办书院、义塾，积极推动基层文化教育的活动做了全面考察，指出大量出现的私学是宋代华亭地区文化鼎盛与人才辈出的主要原因。[4]

4. 宋代民间力量与寺祠宫观建设研究

汪圣铎、史泠歌对宋代寺院、道观、祠庙的主要经济来源施利钱做了专题研究。作者指出，在政府财政投入有限的情况下，由民众捐助的施利钱成为寺祠宫观创修与日常运转的主要经费。僧侣、道士及祠庙管理者以各种名义向民间化募资金，富商、士绅及普通民众基于个人信仰舍给寺院道观的钱财，统称为施利钱。这些来自民间的施利钱大部分用于寺院宫观祠庙的重建、扩建、增建及相关设施的建设。[5]游彪的《宋代寺院经济史稿》是全面研究宋代寺院管理制度、组织结构及其经济体的专著，该书第二章在考察宋代寺院建筑兴修与维护问题时，对广大信众捐资建寺造塔的活动做了论

[1] 刘河燕：《宋代书院的经费收支考》，《求索》2012年第4期。

[2] 胡锋吉、季旭峰：《宋元时期处州地区书院发展考略》，《丽水学院学报》2009年第3期。

[3] 郑金瑶：《南宋书院地理分布研究》，辽宁大学2017年硕士学位论文。

[4] 陈磊：《华亭地区宋元时期的儒学发展》，《传统中国研究集刊》2018年第1期。

[5] 汪圣铎、史泠歌：《宋代施利钱研究》，《河北学刊》2011年第2期。

析。[1]吕凤棠具体分析了宋代民众信仰佛教的诸种表现，指出受佛教中国化与世俗化的影响，宋代社会上掀起了佛教信仰的热潮，从达官贵人到普通民众普遍信仰佛教，捐舍家财修建寺庙、造像建塔等情况应运而生。[2]向世山以《四川通志》中记载的宋代以来四川民间力量修建寺院的史料为基础，分析了寺院捐建者的身份、动机及资金的筹募方式等，指出捐建者中既有富裕的士绅商贾、大家族，又有普通民众。另外由于佛寺修建耗资巨大，仅靠个人难以完成资金的筹集，因此往往采取多人集资的方式。[3]张培君对唐宋时期敦煌民众结社修造洞窟的活动及其特点做了具体考察与分析，指出敦煌普通民众通过僧俗男女结社、世俗男女结社、僧人结社等不同形式参与到莫高窟的修建活动中。不过虽然创修活动频繁，但受经济实力所限，由社人发起的创修工程多以补修、重修前代营造洞窟为主。[4]游彪撰文指出，宋代传世文献中有关两宋时期寺观数量的数字只是官方登记在册、符合法定程序的寺观数量，更多由民众出资兴建的大小寺院和宫观并不包括在内，这在很大程度上影响着学术界对民众在创修寺观贡献方面的评价。[5]金建锋对宋代家庭妇女的佛教信仰观念及其信佛的原因做了分析，指出宋代很多家

［1］ 游彪：《宋代寺院经济史稿》，河北大学出版社 2003 年版。

［2］ 吕凤棠：《宋代民间的佛教信仰活动》，《浙江学刊》2002 年第 2 期。

［3］ 向世山：《自宋至清四川民间建寺兴佛活动初探》，《中华文化论坛》2004 年第 3 期。

［4］ 张培君：《唐宋时期敦煌社人修建莫高窟的活动——以供养人图像和题记为中心》，《敦煌学辑刊》2008 年第 4 期。

［5］ 游彪：《宋代寺观数量问题考辨》，《文史哲》2009 年第 3 期。

庭妇女捐钱营建佛寺、造塔造像、供养僧尼，以此表达对佛法的崇信。[1]何勇强以南宋所修《赤城志》中有关寺院的文献为基础，对宋代两浙地区民众参与修建天台寺的情况做了细致梳理。[2]

以上是关于宋代民众参与佛寺建设的主要研究成果，下面继续介绍宋代民间力量支持祠庙宫观创修的研究概况。美国学者韩森具体考察了南宋时期民众的祠神信仰活动，并以湖州为个案，具体考察了广大民众对神祠对象的选择及其在祠庙创建中的贡献。[3]颜章炮对唐后期至宋代福建地区民间社会建祠造神活动做了系统考察，指出民间造神修祠行为受到了当时统治阶层佞佛、崇道、信巫观念的影响。[4]王善军在《宋代宗族祭祀和祖先崇拜》一文中对宋人的宗族观念及作为祭祀场所的祠堂建设做了深入论析，指出在北宋朝廷放开创建家庙的禁令后，出现了大量由民众自发出资修建的祠堂设施。[5]游彪也系统论述了宋代儒家士人的宗族观念及其对民间祠堂建设与宗族祭祀的影响，指出宋儒对新型宗族组织理论的重新建构与解释，引发了民间社会祠堂创修与宗族祭祀的热潮。[6]王见川、皮庆生在《中国近世民间信仰：宋元明

---

[1] 金建锋：《论宋代妇女与佛教》，《宋史研究论丛》（第13辑），河北大学出版社2012年版。

[2] 何勇强：《宋代天台佛教寺院研究》，《浙江学刊》2017年第1期。

[3] [美]韩森：《变迁之神——南宋时期的民间信仰》，包伟民译，浙江人民出版社1999年版。

[4] 颜章炮：《晚唐至宋福建地区的造神高潮》，《世界宗教研究》1998年第3期。

[5] 王善军：《宋代宗族祭祀和祖先崇拜》，《世界宗教研究》1999年第3期。

[6] 游彪：《宋代的宗族祠堂、祭祀及其它》，《安徽师范大学学报（人文社会科学版）》2006年第3期。

清》一书第三章中专门讨论了宋代民间士绅、宗教人士及其他普通民众发起、主持并捐助创修地方祠庙的行为及原因，作者认为宋代士绅等民间领袖发起并主持祠庙创修的活动很普遍，而他们之所以愿意捐财捐物修建祠庙，一是基于他们自身的信仰，二是通过修祠建庙，获得基层信众的支持，从而获得或进一步巩固其在基层社会中的领袖地位与权威性。[1]皮庆生另著有《宋代民众祠神信仰研究》，该书在探讨宋代民众信仰观念及其相关活动时对民众创祠行为有所涉及，但并未专门讨论祠庙设施的建设问题。[2]廖寅也在《宋代两湖地区民间强势力量与地域秩序》一书中对宋代两湖地区宗族富民出资兴建各种祠庙建筑的行为进行个案考察与分析。[3]刘黎明对未纳入官方正式祀典范畴、由民众私自创建的淫祠做了系统考察。认为民众之所以冒着被官府打击的风险耗费资财创建各种祠庙，主要是因为官方承认的寺院、道观太少，难以满足广大民众祠神祭鬼的信仰需求。[4]俞黎媛对宋代福建地区盛行的张圣君信仰的发祥、传播及当地民众祠神造神、修建神祠庙宇的活动做了论述。[5]皮庆生全面分析了在宋代杭州地区广为流传的张王信仰兴起的原因、传播的途径及其影响，对非官方的士

[1]　王见川、皮庆生：《中国近世民间信仰：宋元明清》，上海人民出版社 2010 年版。

[2]　皮庆生：《宋代民众祠神信仰研究》，上海古籍出版社 2008 年版。

[3]　廖寅：《宋代两湖地区民间强势力量与地域秩序》，人民出版社 2011 年版。

[4]　刘黎明：《论宋代民间淫祠》，《四川大学学报（哲学社会科学版）》2004 年第 5 期。

[5]　俞黎媛：《张圣君信仰与两宋福建民间造神运动》，《福建师范大学学报（哲学社会科学版）》2005 年第 1 期。

绅及宗教人士推动张王信仰传播及其建设神祠的行为加以论析。[1]
朱海滨对宋代僧侣与士人在胡则信仰的确立、传播及其祠庙建设
中的作用进行分析，指出正是在僧人及民间士人的不断推动与积
极运作下，胡则得以由凡为神，其信仰及祠庙创修也保持长盛不
衰。[2]魏峰对宋代民间士绅为前代贤达与本地已故乡贤创修祠堂，
进行祭祀，并借此宣扬教化的行为做了分析与考论。[3]朱茹对宋代
江西境内孔庙建筑的地区分布、用途及其创修过程做了考察，其
中在讨论孔庙建设经费时涉及民众捐资支持孔庙建设的情况。[4]康
文籍、徐寒雄分别对宋代四川和苏州地区民众的祠神信仰及祠庙
建设活动加以考察。[5]孙娇娇具体分析了宋代温州地方官、士人及
宗族势力推动创修与重建州县官学中先贤祠的活动。[6]

王仲尧考察了南宋临安道教宫观建设经费的来源，指出其建
设资金主要有三种来源途径：一是朝廷直接拨款；二是通过社会
集资的方式获得经费；三是由道士女冠通过化缘筹募资金。其中

[1] 皮庆生：《他乡之神：宋代张王信仰传播研究》，《历史研究》2007年第3期。

[2] 朱海滨：《僧侣、士人与胡则信仰》，《复旦学报（社会科学版）》2007年第6
期。

[3] 魏峰：《从先贤祠到乡贤祠——从先贤祭祀看宋明地方认同》，《浙江社会科
学》2008年第9期。

[4] 朱茹：《宋代江西孔庙研究》，江西师范大学2008年硕士学位论文。

[5] 康文籍：《宋代四川地区民间信仰研究——以祠庙为中心》，西南大学2009
年硕士学位论文；徐寒雄：《宋代苏州地区民间信仰研究》，上海师范大学
2010年硕士学位论文。

[6] 孙娇娇：《宋代温州官学先贤祠及其后世演化》，浙江大学2015年硕士学位
论文。

后两种都属于民间资金的筹集方式。[1]杨燕对两宋时期两京地区民众舍财修建道教宫观的活动做了考察。[2]阙鑫华分析了宋代福建道观经济的收入与支出情况，指出民众捐献是道观主要的经费物资来源，而宫观设施的建设与维修是重要的支出项目。[3]董律对从宋至清道教圣地龙虎山做了研究，具体考察了当地民众参与龙虎山道教宫观及其附属的桥亭道路等设施的创修活动。[4]

5. 关于宋代民间力量与城市公共基础设施建设的研究

这里所说的城市公共设施包括以城墙、护城河为主的城市防御设施及城市园林、景观、水利、交通等在内的公共基础设施等。

（1）民众参与宋代城防设施建设的研究

宁欣探讨了从唐到宋都城及主要中心城市修建与扩建的原因、过程等问题，并对南北地区城市建设的特点与功能定位做了分析。[5]刘缙、王轶英、罗翠红分别对北宋时期西北、河北、河东地区边防城寨等军事防御工事的修建加以论析，虽然当地驻军是边防城市建设的主力军，但广大民众也是修城工役的主要征调对象，

---

［1］ 王仲尧：《南宋临安及明清杭州道教宫观考》，《杭州师范学院学报（社会科学版）》2005 年第 6 期。

［2］ 杨燕：《宋代道观经济简论——以南北宋两京道观经济为主》，《宗教学研究》2007 年第 4 期。

［3］ 阙鑫华：《宋代福建路道观经济》，厦门大学 2009 年硕士学位论文。

［4］ 董律：《从道教圣地到旅游胜地：宋至清龙虎山地方社会》，南昌大学 2013 年硕士学位论文。

［5］ 宁欣：《唐初至宋中期城市修建扩建述略——兼论南北地区城市发展之异同》，《扬州大学学报（人文社会科学版）》2006 年第 2 期。

为城寨修筑做出了重要贡献。[1]黄登峰全面系统地考察了宋代城池修建的情况，其中在探讨修城所需的资金、劳力和物料等的来源途径时，重点分析了非官方的民间力量在资金与物料的筹措、修城劳力的征集等方面的贡献。[2]淮建利以宋朝的工程兵厢军为研究对象，具体考察了宋代厢军的来源、规模与职能等，在"厢军与宋朝城防设施建设"部分，指出厢军是宋代城池建设的主要劳动力，在城防设施修建与维护中发挥着十分重要的作用。[3]淮建利还撰文讨论了专门负责宋代城防建设的专业工程部队壮城兵在城垣修筑与维护中的贡献。上述文章突出了军队在城防设施建设中的作用，对广大民众作为城防工程建设主要劳动力的事实重视不足。马剑从中央政府对川渝地区控制的策略出发，具体考察了两宋不同时期该地区城墙等城防设施建设的状况及滞后的原因。[4]覃旺以南宋末蒙古攻宋的"斡腹之谋"为背景，深入全面地探讨了这一时期广西边防城池建设的情况。虽然基于国防与广西落后的经济状况考虑，大部分修城经费由朝廷统一调拨，但工程所需的大量劳动力则主要由当地民众提供。[5]吴红兵分析了宋代护城河建设工

---

［1］ 刘缙：《北宋西北地区城寨制度研究》，西北大学 2005 年硕士学位论文；王轶英：《北宋河北边防建设研究》，河北大学 2007 年硕士学位论文；罗翠红：《北宋河东边防研究》，上海师范大学 2013 年硕士学位论文。

［2］ 黄登峰：《宋代城池建设研究》，河北大学 2007 年博士学位论文。

［3］ 淮建利：《宋朝厢军若干问题研究》，河北大学 2007 年博士学位论文。

［4］ 马剑：《何以为城：唐宋时期川渝地区筑城活动与城墙形态考察》，《西南大学学报（社会科学版）》2010 年第 6 期。

［5］ 覃旺：《"斡腹之谋"与南宋末年广西城池建设》，《广西地方志》2020 年第 2 期。

程中资金、物料与劳力问题，指出不同层次、不同类型的护城河，其修筑的物资与劳力来源不同，其中地方州县城市护城河的修建由州县长官直接负责，经费由朝廷与地方共同筹措，劳动力则主要由厢军和民夫构成。[1]

（2）民众参与宋代城市其他公共设施建设的研究

周宝珠、久保田和男分别考察了北宋开封民众参与东京城市绿化、城墙及外城的修建等问题。[2]徐力恒以战后地方建设为切入点，具体讨论了北宋末至南宋初受战火毁坏的苏州城市建设的问题，指出当地的官绅、富家、士民及宗教领袖等社会力量在官衙公署、城防设施、宗教场所等城市公共设施的重建中发挥着积极的作用。[3]毛华松具体考察了城市水利、园圃寺观、交通设施、城防工程等宋代城市公共基础设施建设，指出城市建设的主体呈多元化特征，其中井泉、驿亭、路桥等与民众日常生活密切相关的基础设施建设多由乡绅、僧道等主动发起并主导修建。[4]高志峰简要考察了宋元时期著名港口泉州城的基础建设，涉及城池、街衢、桥梁、港口、寺院、井泉、园林及一些官方慈善机构的修建等，在这些城市公共设施建设中，当地民众或多或少均有参与。[5]

---

[1] 吴红兵：《宋代护城河研究》，西北大学 2018 年博士学位论文。

[2] 周宝珠：《宋代东京研究》，河南大学出版社 1992 年版；[日] 久保田和男：《宋代开封研究》，上海古籍出版社 2010 年版。

[3] 徐力恒：《两宋之际的苏州与地方秩序的恢复——以战乱后地方建设为中心的考察》，《河南大学学报（社会科学版）》2011 年第 2 期。

[4] 毛华松：《城市文明演变下的宋代公共园林研究》，重庆大学 2015 年博士学位论文。

[5] 高志峰：《宋元时期泉州的城市建设》，《城市建设》2010 年第 2 期。

胡勇军、李霄考察了两宋时期陈襄、苏轼、汤鹏举、潜说友等历任杭州地方长官发动士民、僧侣等民间力量浚治西湖、疏通六井、修筑沟渠、改善城市排水系统等的史实，认为城市公共水利设施的创修与重建保障了杭州的饮水安全。[1]

6. 关于宋代民间力量参与地方官用建筑创修的研究

这里所谓的官用建筑主要指地方官署、廨宇、驿馆、营房、贡院、监狱等官方使用的各类建筑物。这方面的专题研究相对较少，且多集中于对地方衙署建筑的修造方面。如王晓龙、梁桂圆对官署、亭台、馆驿、仓库、营房等宋代地方官用行政建筑修建经费的来源途径做了系统考察，其中官府向民众科派、民众主动捐献、官民共同筹资等是民间财富用于官方建筑创修的主要途径。[2]陈凌从国家政策调控、地方财政状况及朝野舆情等方面着手，具体考察了宋代地方官吏对营缮衙署公廨心态的演变过程，其中导致其营缮心态从积极向理性转变的一个关键性因素便是劳民伤财的舆论质疑，这在一定程度上反映了民众被动参与衙署建设的现象。[3]李合群对两宋不同时期朝廷有关地方衙署修造政策的演变过程加以考察，并在讨论地方衙署修造经费与材料来源时指出，虽然朝廷三令五申禁止衙署修造中的科敛行为，但地方官府

[1] 胡勇军、李霄：《唐宋及民国时期杭州城市沟渠建设研究》，《华北水利水电大学学报（社会科学版）》2016年第4期。

[2] 王晓龙、梁桂圆：《宋代地方行政设施修建经费来源考论》，载《宋史研究论丛》（第22辑），科学出版社2018年版。

[3] 陈凌：《宋代地方官吏心态演变与衙署营缮效果研究》，《西华师范大学学报（哲学社会科学版）》2018年第2期。

仍以各种名目"科率民户",从民间大量征调资金、物料与劳力,强制普通民众参与各级官署建设工役。[1]此外,有关宋代地方衙署建设的专题研究还有袁琳的《宋代城市形态和官署建筑制度研究》[2]、江天健的《宋代地方官廨的修建》[3]、牛来颖的《唐宋州县公廨及营修诸问题》[4]、韩凯凯的《宋代廨舍的营缮与移徙》[5]等,这些论著也不同程度地涉及民间力量对地方官署建设的参与。

除了作为地方行政中心的各级衙署外,学者们还对宋代地方上的贡院、城市报时建筑等的创修加以探讨。如葛绍欧在系统梳理宋人撰写的《贡院记》的基础上,对宋代贡院建设经费来源及士人的参与情况做了论析。[6]梁庚尧在《南宋的贡院》一文中指出南宋州府贡院建设中,虽然地方长吏是最主要的推动者,但乡老、士子等民间士绅也积极参与其中。[7]王冬亚分析了宋代贡院兴建的原因与经费来源,认为广大士子的迫切需求与积极倡导是地方贡院建设的主要动力,而民间人士筹资捐款是贡院修建经费的主

---

[1] 李合群:《论宋代地方衙署修造制度》,《社会科学》2019年第3期。

[2] 袁琳:《宋代城市形态和官署建筑制度研究》,中国建筑工业出版社2013年版。

[3] 江天健:《宋代地方官廨的修建》,载《宋史研究集》,兰台出版社2002年版。

[4] 牛来颖:《唐宋州县公廨及营修诸问题》,载荣新江主编《唐研究》(第14卷),北京大学出版社2008年版。

[5] 韩凯凯:《宋代廨舍的营缮与移徙》,《唐山师范学院学报》2016年第6期。

[6] 葛绍欧:《宋代府州的贡院》,载邓广铭、漆侠主编《国际宋史研讨会论文选集》,河北大学出版社1992年版。

[7] 梁庚尧:《南宋的贡院》,载刘海峰主编《二十世纪科举研究论文选编》,武汉大学出版社2009年版。

要来源之一。[1]郭应彪对宋代地方城市中的报时建筑谯楼、鼓楼、县楼等的数量、地区分布做了详细统计，同时也考察了各地区报时建筑的创修情况。[2]

以上可知，与本课题相关的研究成果十分丰富，其中既有专门讨论宋代民间力量的，如林文勋等推出的宋代富民阶层研究系列成果及黄宽重、邓小南、韩明士、梁庚尧、李华瑞、王善军、廖寅、谭景玉等从不同角度对宋代各种基层势力的探讨等；也有专题研究宋代地方公共建设的，如关于农田水利、桥梁道路、官学书院、寺院祠庙、城市官署等公共基础设施创建与修护的情况的研究。不过总体而言，将民间力量与地方建设结合起来进行专题研究的成果较少，且基本以针对某些建设领域的单篇文章为主，将两者结合起来进行全面深入系统研究的专著类成果明显不足。下面结合前述研究现状，对不同建设领域的研究成果分别加以评析。

一是现有的关于宋代民间力量参与水利建设的研究成果呈现出明显的地域特征，大部分成果集中在对江南地区尤其是两浙地区民众参与农田水利建设的讨论，对其他地区涉及较少。讨论的内容主要限于农田水利创修的经费与劳动力的来源等方面，对民间人士参与水利工程的组织管理及民间人士在官民沟通中的作用缺乏深入论述。农田水利建设作为两宋时期民众参与最多、涉及地域最广泛的公共工程，遍及统治区域内的所有农耕地区，除了

---

[1] 王冬亚：《宋代贡院研究》，河北大学 2019 年硕士学位论文。

[2] 郭应彪：《宋代报时建筑研究》，西北大学 2019 年博士学位论文。

兴建最集中的江南外，水资源匮乏的北方地区的民众也主动或被动地参与到水利建设中，如果将研究的重点过多聚焦于江南，则难以全面客观地评价宋代民众在水利建设中的作用与贡献。此外，民众对水利建设的参与是全方位的，除了提供工程建设必需的资金与劳动力外，在水利工程的发起、建设过程的组织、水利设施的日常修护与管理等方面，民间人士也在其中发挥着积极的作用。尤其是在官员设置较为精简的县级政府，官府多无暇顾及地方建设事宜，同时也是出于防范胥吏舞弊的考虑，往往委托民间人士主导水利工程建设的组织与管理。因此提供资金与劳动力只是民间力量参与水利建设的一个方面，想要全面了解民众在农田水利建设中的贡献，需要进一步拓宽现有的研究领域。

二是学界对于宋代民众参与桥梁道路建设的研究呈现如下特点：首先就地域而言，以南方地区为主，尤其集中于福建和两浙地区；其次就交通设施的类型而言，以桥梁建设为主，有关各类道路修建的研究比较少见；再次就参与的主体而言，以僧侣阶层为主，对其他参与桥道建设并做出重要贡献的民间力量关注较少；最后就民间力量参与桥道建设的贡献而言，以建设经费的筹募为主，对于僧侣及其他民众倡导并组织修桥工程建设、承担交通设施维护管理方面的作用则很少涉及。基于以上特点，关于宋代民间力量与交通设施建设的考察，有必要在参与主体、建设领域及地理空间等方面有所拓展。

三是学界对宋代城市建设的研究比较全面，不仅涉及城市防御体系建设研究，也涵盖了诸如城市园林、景观、水利、交通等公共设施的建设研究。不过上述成果更多强调朝廷、地方政府、州县官员及驻军在城市设施建设中的作用，对广大民众在建设经费筹措、物料捐献及劳动力输出方面的贡献关注不够。比如有学者认为在城池建设中，厢军中的壮城兵是最主要的劳动力，而被官方以各种方式征调充当役夫的普通民众则很少受到关注。在地方政府财政困难、地方治安日益恶化的北宋后期及南宋时期，许多州县城池的建设、工程的发起、经费物资及劳动力的筹措等均有民众的积极参与。尤其是在朝廷严禁地方官大兴土木的背景下，民众在筑城工役的发起中具有官方无法替代的作用。关于民间力量参与城防设施建设的研究，除了讨论筑城劳动力的问题外，还可以在工程发起、经费筹措、工役管理等方面做更全面的考察。

四是通过学术界关于宋代民间力量参与地方官用建筑修造的研究成果的回顾可以看出，学界重点关注地方官署的创修情况。与城防设施建设的研究相类似，以讨论官方的作用为主，对民众的参与关照不足。其实，通过对宋代文献的梳理，在地方各级官署的创修中，广大民众无论在建设资金还是劳动力方面，都有较大贡献，尽管多数情况下是以官方科敛的方式进行的。

综上，学界已有成果对宋代民间精英阶层参与地方建设的原因及贡献做了全面考察与分析，对学界之后的相关研究具有重要的启迪作用。不过，全面深入的专题研究较少，对一些问题的探讨尚存在进一步拓展与提升的空间。具体而言，首先，相关研究对民间力量的考察多局限于民间权威人士，较少涉及普通民众。其次，相关研究以整体考察为主，缺乏在时空视野下对不同时期、不同地区的情况做具体深入的比较。最后，一些研究放大了民间力量在地方建设中的贡献，得出的结论失之偏颇。本书在前人研究的基础上，试图对相关问题做全面深入的考察探究，尽可能地弥补现有成果的缺憾与不足。

三、史料运用

文献史料征引的丰富程度及其与研究主题的关联度，直接影响研究内容的广度、深度与学术价值。本书以宋代民间力量对地方建设的贡献与影响为研究对象，在史料使用方面充分体现了"民间"性和"地方"性的特征。全文共征引各类文献资料三百余种，百分之九十以上是私人撰写的文集和反映区域社会历史的地方志，其中引用宋人文集近一百四十部、宋代以来的地方志文献一百三十余种，正史、笔记、杂史及石刻文献等三十余种。所引文献覆盖了宋代不同时期、不同地区有关民间力量参与地方水利、桥道、学校、祠庙、城池及官署等公共设施创修的基本史实。所引史料以收录于上述文献中的宋人撰写的各类建设文章为主，辅以相关碑刻、墓志、奏议等。这些文献资料中有关宋代社会各阶层民众参与农田水利、桥梁道路等公共基础设施建设的记载，全面系统地展示民间力量在宋代基层治理与地方社会经济文化发展中的作用与贡献。

四、研究思路与研究方法

本书的研究思路是将宋代民间力量与地方建设置于复杂多变的社会历史大背景下进行考察，通过对民间力量的范畴、民间力量参与建设的原因及贡献做深层次分析，揭示宋代民间力量构成的多元性、地方建设的特殊性及民间力量对地方社会影响的广泛性。同时，通过对官、绅、民在建设领域互动关系的考察，深入解析宋代地方治理的特点及历史影响。

本书的研究方法是以社会政治史为研究视角，采取跨学科的研究路径，在综合运用历史学、政治学、区域社会学等传统研究方法的基础上，将微观的个案研究和宏观的综合分析相结合，突出时空观念，强调个体差异。个案研究以典型事例、区域性问题为对象，重在分析不同地区间的差异及原因；综合分析则从整体上解读宋代民间力量在地方建设与社会治理中的作用与影响。

五、主要内容与核心观点

（一）主要内容

本书分六章对宋代民间力量参与地方公共设施建设的方式、过程、原因及影响等做全面系统的论析。

第一章重点考察了宋代民间力量的大致范畴及其在地方建设中的贡献与影响等。本章在对学术界有关宋代民间力量概念与贡献的研究做深入分析的基础上，对文献中记载的宋代富民、士绅、乡居士大夫、僧侣及下层普通民众分类加以考察，指出无论是民间上层人士还是普通民众，都通过各种途径，在地方建设中发挥着各自的作用。掌握大量财富的富裕民众是地方建设的主要出资人，普通民众则是最重要的劳动力来源，知识精英与宗教人士在工程建设的发起及组织管理中起着主导作用。

第二章系统论述了两宋时期地方公共建设事业发展滞后的表现、出现滞后的原因及影响等。文献记载表明，从北宋中后期开始，地方上的水利设施、城防设施、桥梁道路、各级学校及官署廨宇等不同程度地出现了建设与维修滞后的情况，有些地区的基础设施破败程度十分严重，甚至连官府日常办公之所的公署都常年失修。地方公共建设滞后的原因是多方面的，其中最主要的因素在于地方财政性支持过少，建设资金紧缺。同时受朝廷擅兴禁令及任期过短等因素的影响，部分地方官对推动公共建设缺乏积极性，官方主导的建设事业举步维艰。地方公共基础设施建设滞后的形势，对区域社会的发展造成了一定的消极影响，如城防设施建设落后对地方社会的安定构成了严重的威胁、公署廨宇等官方建筑年久失修在一定程度上影响着地方治理的效果、学校等教育设施的缺失对地方文教事业和人才培养造成不利影响、农田水利与桥梁道路等设施的落后严重影响区域社会经济发展与民众的生命财产安全。

第三章考察了在地方财政困境影响下，官方和民间为推动公共基础设施的建设而进行多元化的建设资金筹集的途径。随着北宋中后期地方财政困难程度的加剧，官方直接调拨的建设资金十分有限。于是在地方政府与民间人士的努力下，逐渐形成了由政府拨款、民众捐献、官员私捐及官民共筹等多种方式并存的多元化经费筹集途径。本章在对各种筹资方式进行系统考察的基础上，以宋代的桥梁建设为例，对桥梁建设经费的来源途径做了统计分析。结果显示，桥梁建设经费中既包括官方资金，又包括民间资金。总体而言，无论是北方地区还是江南桥乡，来自民间捐助的资金占比更大。也就是说，民间财富是宋代桥梁建设经费最主要的来源途径，这在水利、私学、祠庙、城防等其他建设领域也有不同程度的体现。

第四章集中考察民间财富对宋代地方各项建设事业的支持情况。在官方投入有限的背景下，由民间人士提供的资金、物料及土地等成为地方基础建设最主要的经费与物资来源。本章分别对宋代民间社会中的富民、乡绅、宗族、乡居士人、佛教徒及普通民众等各种类型的民间力量为地方水利、桥道、学校、祠庙、城池、官署等建设领域提供经费与物资的方式、数额及其对基础建设的影响等加以全面论述。考察发现，尽管民间财富对上述建设领域均有支持，但对于不同类型的工程建设，支持的侧重有所差异。如农田水利建设中，民间财富主要倾向于支持中小型水利设施的建设，大型水利设施、河湖治理与海防工程等则以政府筹资、官民共筹、摊派等为主要途径。学校建设中，各级官学的经费筹集以官督民办为主，而书院等私学则以民众自发出资创建为主。与书院一样，桥梁道路和寺祠庙宇等公共性更强的基础设施也以民众自发筹建为最主要模式，其中佛教徒出面筹募建桥经费成为宋代桥梁建设资金筹措的主要方式。城防设施与各级官署虽然属于官方建筑，但其建设经费也多出自民间，除了少数富民、士绅主动捐助外，大部分是由地方官劝捐甚至强制摊派而来。

第五章对宋代民间力量参与地方建设组织管理的情况做了考察。在州县政府行政负担繁重、官员无暇顾及建设事宜的形势下，民间上层人士获得参与公共建设组织与管理的机会。在很多建设领域，地方官员往往委托在基层社会有一定声望与威信的民间人士代表官方组织人力、管理资金、监控建设进程等。被授权参与管理的民间精英包括乡居士人、富民乡绅、知识群体、僧侣及其他在民间拥有一定地位与话语权的所谓权威人士。他们在建设项目的发起、建设资源的调配及具体建设工程的监管等方面发挥着重要的作用。民间人士参与公共工程管理，既有利于减轻政府的行政负担，又能提高建设效率，保证工程建设顺利进行，可谓一举两得。按照民间人士在地方建设中参与的程度和所发挥作用的不同，大致有发起和推动建设项目、受委托主持工程建设、自发组织或协助政府管理工役、主导公共设施的日常修护等形式。

第六章集中讨论了宋代民间力量参与地方建设的原因。推动宋代民间力量参与地方建设的原因是多方面的，如地方财政普遍紧张的困境与基层治理难度的增加、各种因素影响下部分地方官员面对基础设施建设的不作为、朝廷为节约成本及减轻民众劳役负担而频繁颁布的各种擅兴土木的禁令等。这些既是导致官方让渡地方建设主导权的主要因素，也为民间力量参与建设提供了较大的空间。地方官出于政绩的考虑而积极倡导与劝说、民间权威人士从自身利益出发主动表率与引导、基层官员为防止胥吏舞弊主动向民间人士让渡地方建设管理权等做法是促使民间力量积极参与地方建设的关键因素。总之，地方政府向民间放权与基层权威人士积极倡导是两宋时期民众参与公共基础建设的主要原因与动力。

余论部分对宋代民间力量参与地方建设的时空特征及在不同建设领域中所呈现的差异性做了系统论析。

（二）核心观点

第一，北宋中期以来地方财政困境的加剧与吏强官弱局面的出现是民间力量参与或主导地方建设的主因。宋代既是中国传统时代社会经济高度发达的时期，又是政府财政持续紧张的时代，地方政府经常出现财政困境。尤其是南宋以降，随着财政中央化趋势的进一步加剧，部分州县政府陷入长期无钱可用的窘境。受困于财政，政府在基层公共建设中的经费投入十分有限，部分地区农田水利、桥梁道路等公共设施长期得不到有效创修维护，严重影响区域社会的发展。政府财政的紧张给民间财富进入公共建设领域提供了空间，拥有大量财产的富民、心系公益的僧侣、富于号召力的士绅及广大普通民众或主动出资，或积极募捐，或被动摊派，以各种方式为公共建设提供经费与物资，成为宋代地方公共建设经费最主要、最可靠的来源途径。除提供建设经费，民间力量还广泛参与或主导地方工程建设的组织与管理，而这在很大程度上与宋代基层政府吏强官弱的权力结构有关。宋代基层政府官员任用呈现出设员十分精简、任期普遍短促、以外乡人治本地事、由未亲吏事的初仕文人出任无所不管的父母官等特点，这种特殊的任官制度导致地方官普遍不能驾驭日益复杂的基层治理，于是协助地方官进行基层治理的胥吏群体成为基层权力的实际操控者。大部分胥吏无法从政府获取俸禄，只能利用管理基层事务之便，谋取私利，而公共工程建设便是其谋财取利的重点领域。部分地方官出于防止胥吏舞弊的考虑，将建设工程的组织与管理权交给乡居士人、基层长者、宗族领袖及僧侣群体等民间权威人士。

第二，宋代民间力量涵盖广泛，不同身份的民间人士在地方建设中的作用各异。本文所指的民间力量，泛指一切非官方的社会力量，既包括精英人士等上层力量，又包括各类称谓统摄下的普通民众。其中精英阶层是宋代民间话语权的掌控者与民间事务的主导者；普通民众是民间力量的大多数，是民间事务的直接参与者和主要承担者。在地方公共事务的运行中，二者虽然分工不同，作用各异，但都是推动地方社会发展的重要力量。在地方建设中，各种民间力量所发挥的作用有所不同。一般而言，掌握大量财富的富民阶层无疑是地方建设的主要出资人，普通民众则是最重要的劳动力来源，知识精英与宗教人士更多充当工程建设的发起者与组织者，乡居士人因为其特殊的社会地位、丰富的社会资源以及与官方的密切关系，往往在建设中起着主导性的作用，其贡献也是多方面的，他们既可能是发起人，又可能是出资人，还可能是组织者和管理者。

第三，宋代民间力量对地方建设的参与有一定的时空特征。就时间维度而言，北宋中期以前地方财政状况良好，政府对建设投入较多，民众参与较少；北宋中期开始，地方财政逐渐恶化，政府投入减少，民间力量开始活跃于建设领域；南宋时期，地方财政长期陷入困境，大部分建设项目由民间力量主导。就空间维度而言，北宋时期北方地区的地方公益性建设以官民共建为主要模式，两湖及江南地区则以民间力量承建为主；南宋时期除宋金交界地区的基础建设由官方主导外，其余地区基本上以官督民建为主。

第四，宋代民众在不同建设领域中的贡献有较大差异性。在宋代地方基础设施建设中，不同类型的民间力量在各类建设中的参与程度有所区别。民众对水利、桥道、私学及寺祠等公益性设施建设的积极性明显较高。其中富民十分重视农田水利建设，热衷公益的僧侣群体及富于远见的乡居士人是桥梁道路工程建设的主要推动者，基层大族与民间知识人出于教育子弟和传播知识的目的积极推动书院、义塾等各种私学的兴建。参与寺观祠庙建设的民众范围更广，几乎涵盖了整个民间社会，包括在其他建设领域中很少出现的家庭妇女。相比之下，只有少数与官方关系密切的民间上层人士主动参与官用建筑的创修，广大普通民众则是在地方官与这些民间精英的督劝下被动参与的。

《宋代家礼》绪论

陆敏珍

宋代是中国家礼书写史上最为繁荣的时期，诸如司马光《书仪》、朱熹《家礼》等经典文本曾引起过学界的广泛探讨。不过，若稍稍将注意力从单本礼书的细节中移开，而是使用"家礼"这一名词作一整体性观照时，我们会发现，"家礼"是一个为大众所熟悉的词汇，似乎一提起，人人便能意会其中所涵盖的内容及可能的架构，它具有可识别的文化指向性，既包含有细碎零散的行为规范，又是群体集体行动的指南。但是，当它作为一个分析性范畴使用时，人们所相信的那些关于家礼的熟悉事实却包含着不完全了解的复杂性，它具有经验性的概念特征，却不是一个结构性的理论框架。换言之，当试图去探讨家礼是什么、书写家礼又为什么等问题时，许多模棱两可的答案只具描述性，而无法将家礼当作一种行之有效的结构。这里，我们试着从书写者的立场，去探讨书写家礼时所设定的立场、意义与书写畛域，以期观察家礼作为一种集体写作规范时的历史场景。

一、书写者的角色：隐身的与在场的

家礼是什么？对这一避无可避的问题，现代研究者在各自的研究问题与框架中做出了相应回答。在概论性的研究中，李晓东说，家礼是"家庭内部各成员之间的等级区分与行为规定"；陆益龙认为，"家礼是一个社会中人们调节家庭人际关系的价值标准和行为规范，以及这些价值和社会规范意识在社会生活中的具体体现"。[1] 在对不同时间序列下的家礼研究中，谷川道雄指出六朝家礼"反映着特定家族内部遵循的规约"；张文昌说，唐宋时期，"儒学士族门第为维持家教门风，亦发展出专门制约家族成员之礼仪规范，此即所谓'家礼'"；同样是立足于唐宋时期，王美华认为家礼"是指针对家族内部的礼文仪制、伦理规范，是中国古代社会治家、教家的重要法则"；林春梅则将宋代的家礼、家训并为研究对象，认为家礼是家庭仪节，家训泛指任何形式的教导、训诚、规则、约定等。[2] 那些以"家礼"作为选题的研究生学位论文中，尽管在用词与取意上不脱前人的说法，也依然保持着表述、

[1]　李晓东：《中国封建家礼》，陕西人民出版社 1986 年版，第 26 页；陆益龙：《中国历代家礼》，北京图书馆出版社 1998 年版，第 12 页。

[2]　谷川道雄：《六朝士族与家礼——以日常礼仪为中心》，载高明士编《东亚传统家礼、教育与国法》，台大出版中心 2005 年版，第 4 页；张文昌：《制礼与教天下——唐宋礼书与国家社会》，台大出版中心 2012 年版，第 387 页；王美华：《承古、远古与变古适今：唐宋时期的家礼演变》，《辽宁大学学报（哲学社会科学版）》2013 年第 4 期；林春梅：《宋代家礼家训的研究》，花木兰文化出版社 2010 年版，第 1 页。

梳理家礼概念的积极性。[1]

　　除了直接去探讨"家礼"的概念与内涵之外，学者们还从文本类型中去描述家礼的范畴。上引"家礼"概念的提出者，多主张以这一词汇来囊括家规、世范、家礼、乡约、家诫等传统文献，而另一些学者则主张以"家训"等来指称包括"家礼"在内的历史材料。比如，李茂旭取"家训"，称"广义的家训，还包括家规、家范、家礼、家约、世范、教子诗、示儿书、家书等等"；刘欣认为写作家礼的目的是规范家庭中的冠、婚、丧、祭礼节，因此，"宋代的家礼亦可视为广义的家训"。[2]至于那些从法律史角度，以"家法"一词包含家礼，将之定性为"习惯法""民间法"的解释亦不少见。[3]

　　上引各种说法，或对家礼的概念作总结性陈述，或描述家礼的范畴与功能，虽然语言表达略有差异，但细加比较，其实并不存在质的区别，而且，在某些层面上，似乎形成了定论，以至于有人总结说"关于家礼功用这一问题，学者们形成了一定的共识，即家礼主要是在家庭内部用来明确家庭成员权利与义务、协调家

---

[1]　参见罗小红：《唐代家礼研究》，陕西师范大学 2006 年博士学位论文，第 9 页；瞿瑞芳：《宋代家礼的立制与实践》，上海师范大学 2007 年硕士学位论文，第 1 页；陆睿：《中国传统家礼文献叙录》，浙江大学 2012 年硕士学位论文，第 3 页；杨逸：《宋代四礼研究》，浙江大学 2016 年博士学位论文，第 2—5 页。

[2]　李茂旭：《中华传世家训》，人民日报出版社 1998 年版，第 3 页；刘欣：《宋代家训与社会整合研究》，云南大学出版社 2015 年版，第 12 页。

[3]　参见张国刚：《汉唐"家法"观念的演变》，《史学月刊》2005 年第 5 期；张中秋：《家礼与国法的关系、原理、意义》，《法学》2005 年第 5 期。

族成员伦常关系与等级秩序的一系列礼仪规范和伦理观念"。[1]

这种共识是否已经形成，这里存而不论。不过，即便从经验的角度出发，关于家礼是什么的问题，其实存在着很大的理解空间，比如，众所周知，家礼与作为文献的"家礼"之间的差别是相当明显的；作为礼仪表演的"家礼"，其应用时可能的实际效果与书写中想要表达的意义亦是需要仔细区分的。研究者通常取用自己认为精确的分析范畴来阐述家礼内涵与功能。同样，我们也可以转换视角，不从研究者各自的研究目标出发，不将家礼文本看作是固定不变的产物，而是从家礼书写者的立场去观察所书写的家礼层次、内涵与象征系统。

需要指出的是，以"书写者"来指称家礼文本的作者，而不是文献中惯用的"制礼""注礼"者，这一做法并不是要去否定或放弃历史所给予的角色传统。事实上，在宋代家礼文本的行文中，制礼者、注礼者的身份不断得到体现与强化。比如，司马光《书仪》中制"冠"礼，曰："男子年十二至二十，皆可冠。"此条下，作了一个详细的注释，说：

> 《冠义》曰：冠者，礼之始也。是故古之道也，成人之道者，将责成人之礼焉也，责成人之礼焉者，将责为人子、为人弟、为人臣、为人少者之行也，将责四者之行于人，其礼可不重与……《吉礼》虽称二十而冠，然鲁襄公年十二，晋

---

[1] 陈延斌、王伟：《传统家礼文献整理、研究的学术史梳理与评析》，《广西师范大学学报（哲学社会科学版）》2018 年第 3 期。

悼公曰：君可以冠矣。今以世俗之弊，不可猝变，故且徇俗，自十二至二十皆许其冠。若敦厚好古之君子，俟其子年十五已上，能通《孝经》《论语》，粗知礼义之方，然后冠之，斯具美矣。[1]

司马光引用《礼记·冠义》来阐释礼意，对"冠"礼的具体信息进行解码并赋予其意义，同时，厘清仪式的模糊之处。司马光追溯古礼中"二十而冠"的规定与他所订立的"十二至二十许可冠"的历史脉络与思考路数，让陌生与久远的礼仪与当下的情况相为结合，并区分出两种层次的冠礼：一为"徇俗"中"十二至二十皆许其冠"；一为"通《孝经》《论语》，粗知礼仪之方"的语境之下"年十五已上者冠之"。司马光对这两种层次明显有着价值判断，但他仍然选择了"男子年十二至二十，皆可冠"作为礼文。而被司马光认为"斯具美"、唯有"敦厚好古之君子"才能执行的后一层次，在朱熹《家礼》中冠礼礼文直接定为"男子年十五至二十，皆可冠"。[2]可见，好的注礼者对礼文的引导作用不容忽视。

不过，宋代家礼作者在行文往往并不只是制礼者、注礼者的角色，而是多种角色集于一身。有时候他们是时俗与时礼的观察者与评论者，批评、嘲笑那些在他们看来不合理的礼文。司马光在《婚仪·亲迎》时讲：

[1]（宋）司马光：《司马氏书仪》卷二《冠仪·冠》，丛书集成初编本。

[2]（宋）朱熹：《家礼》卷二《冠礼·冠》，王燕均、王光照校点，载朱杰人、严佐之、刘永翔主编《朱子全书》，上海古籍出版社、安徽教育出版社2002年版，第889页。

> 婿复入室脱服，妇从者受之；妇脱服，婿从者受之。烛出。[1]

"脱服"一节虽与《仪礼》略有不同，但"烛出"的礼文却是一致的，郑玄在此条下作注，称"昏礼毕，将卧息"。[2]而司马光在此条下的注文，既没有注释"脱服""烛出"，也没有讲解婚礼进程，而是忽然调转笔锋，对时俗中的结发礼进行评说，在"烛出"条下，他注曰：

> 古诗云："结发为夫妇。"言自稚齿始结发以来即为夫妇，犹李广云："广结发与匈奴战也。"今世俗有结发之仪，此犹可笑。[3]

司马光通过引证，强调所谓"结发"不过是一个时间节点，而非一种仪式，并毫不掩饰对这种不知礼、乱解诗的嘲笑。后来，程颐引用张载的讲述，再论结发之礼意，说："昏礼结发无义，欲

---

[1]（宋）司马光：《司马氏书仪》卷三《婚仪上·亲迎》，丛书集成初编本。关于引文中所用的词形，比如"婚"与"昏"字，"桌"与"卓"等，一依所用文献版本的原例。这样的做法一方面出于忠于文献的原则，另一方面还来自潘自牧的启发。他讲："婚礼用'昏'，故经典多止作'昏'字。"载潘自牧：《记纂渊海》卷一〇七《人伦部·婚姻》，中华书局1988年版，第1716页。考虑到若将引文改为现代所通用的写法，可能流失了文献中所表达的礼意，故引文中一仍其旧。

[2]（汉）郑玄注，（唐）贾公彦疏：《仪礼注疏》卷五《士昏礼第二》，王辉整理，上海古籍出版社2008年版，第123页。

[3]（宋）司马光：《司马氏书仪》卷三《婚仪上·亲迎》，丛书集成初编本。

去久矣，不能言。结发为夫妇者，只是指其少小也。如言结发事君者，李广言结发事匈奴，只言初上头时也，岂谓合髻子？"[1]关于结发之仪的评价同样出现在吕祖谦《家范》与朱熹《家礼》之中。二人不仅继承了司马光关于"结发"一词的引证与解释，还将司马光对时俗的评论也一并继承了。吕祖谦完全照录司马光的原话，称"今世俗有结发之仪，此尤可笑也"[2]。朱熹则追加说："今世俗昏姻，乃有结发之礼，谬误可笑，勿用可也。"[3]在另一个场合，朱熹与学生关于结发的对谈，也被记录下来：

> 直卿举今人结发之说为笑。先生曰："若娶用结发，则结发从军，皆先用结了头发后，方与番人厮杀耶？"[4]

这一调侃味道十足的回答为结发之礼的可笑之处作了一个小小的注脚。不可否认，很可能存在这样的社会事实，从司马光到

[1]（宋）程颢、程颐：《二程集》，王孝鱼点校，中华书局1981年版，第113页。

[2]（宋）吕祖谦：《东莱吕太史别集》卷二《家范二·昏礼·亲迎》，载黄灵庚、吴战垒主编《吕祖谦全集》第1册，浙江古籍出版社2008年版，第312页。

[3]（宋）朱熹：《家礼》卷三《昏礼·亲迎》，王燕均、王光照点校，载朱杰人、严佐之、刘永翔主编《朱子全书》，上海古籍出版社、安徽教育出版社2002年版，第899页。

[4]（宋）黎靖德编：《朱子语类》卷八九《礼六·冠昏丧·昏》，王星贤点校，中华书局1986年版，第2275页。

朱熹的近百年间，结发礼的时俗代有传承而未有改变。[1] 几代家礼书写者跨越时间的距离，对着同一个"世俗"之礼表达着相同的态度、立场与观点，值得回味。

当然，嘲笑与批评时俗与时礼并不是家礼文本书写者一贯的基调，有时，他们又成为时俗与时礼的拥护者。同样以《婚仪·亲迎》为例，司马光在"婿立于东席，妇立于西席，妇拜，婿答拜"下注曰：

> 古者，妇人与丈夫为礼则侠拜。乡里旧俗，男女相拜，女子先一拜，男子拜，女一拜，女子又一拜。盖由男子以再拜为礼，女子以四拜为礼故也。古无婿妇交拜之仪，今世俗始相见交拜。拜致恭，亦事理之宜，不可废也。[2]

"侠拜"在《仪礼》中既用于《士昏礼》中妇人与丈夫为礼，亦见于《士冠礼》中母亲与儿子之侠拜。[3] 宋代文人对"侠拜"亦有较多讨论，某些文献记载表明，它依然是实际生活中的行用之

---

[1] 南北宋均有关于结发礼的记载。据孟元老记载："男左女右，留少头发，二家出匹段钗子、木梳头须之类，谓之合髻。"载（宋）孟元老：《东京梦华录》卷五《娶妇》，邓之诚注，中华书局 1982 年版，第 145 页。又据吴自牧记载："男左女右结发，名曰'合髻'。"载（宋）吴自牧：《梦粱录》卷二十《嫁娶》，浙江人民出版社 1980 年版，第 189 页。

[2] （宋）司马光：《司马氏书仪》卷三《婚仪上·亲迎》，丛书集成初编本。

[3] （汉）郑玄注，（唐）贾公彦疏：《仪礼注疏》卷五《士昏礼第二》、卷一《士冠礼第一》，王辉整理，上海古籍出版社 2008 年版，第 125、45 页。

礼。[1]然而，司马光在此处却舍古礼而循"今世俗"，由"侠拜"而为"交拜"。朱熹则将司马光制订的"妇拜，婿答拜"干脆写为"婿妇交拜"，并注说：

> 妇从者布婿席于东方；婿从者布妇席于西方。婿盥于南，妇从者沃之，进帨；妇盥于北，婿从者沃之，进帨。婿揖，妇就席。妇拜，婿答拜。[2]

朱熹将更多的细节贯入交拜礼中，于"侠拜"则不置一词。至于为什么要循俗？司马光给出一个模棱两可的理由，称"拜致恭"，由礼文而及礼意，合乎事理，因此"不可废"。在其他一些循时俗的礼文中，司马光同样给出了"不可废"的判语，比如，《亲迎》"前期一日，女氏使人张陈其婿之室"条下讲："俗谓之铺房，古虽无之，然今世俗所用，不可废也。"[3]又如，婿妇于影堂

---

[1] 例如，据《宾退录》记载："《礼》，妇人与丈夫为礼则侠拜。侠者，夹。谓男子一拜，妇人两拜，夹男子拜……江浙衣冠之家，尚通行之，闾巷则否。江邻几《嘉祐杂志》载司马温公之语，乃谓陕府村野妇人皆夹拜，城郭则不然。"载赵与时：《宾退录》卷八，齐治平校点，上海古籍出版社1983年版，第105—106页。朱熹与学生亦有婚礼中"侠拜"的讨论："叔器问：'昏礼，温公《仪》，妇先拜夫；程《仪》，夫先拜妇。或以为妻者齐也，当齐拜。何者为是？''古者妇人与男子为礼，皆侠拜，每拜以二为礼。昏礼，妇先二拜，夫答一拜；妇又二拜，夫又答一拜。冠礼，虽见母，母亦侠拜。'"载黎靖德编：《朱子语类》卷八九《礼六·冠昏丧·昏》，王星贤点校，中华书局1986年版，第2274页。

[2] （宋）朱熹：《家礼》卷三《昏礼·亲迎》，王燕均、王光照校点，载朱杰人、严佐之、刘永翔主编《朱子全书》，上海古籍出版社、安徽教育出版社2002年版，第899页。

[3] （宋）司马光：《司马氏书仪》卷三《婚仪上·亲迎》，丛书集成初编本。

阶下的祭拜，司马光也说："古无此礼，今谓之拜先灵，亦不可废也。"[1] 在"不可废"的话语中，司马光有时会给出时俗与时礼不可废的原因，有时则纯粹用于强调个人的主张。

由上可见，如果将家礼简单描述为家庭规范，很容易造成一种刻板的印象，即家礼只是条框式的礼文规定，这样的视角往往忽略了家礼文本书写者强烈的在场感。作为制礼者、注礼者，他们从古礼中汲取资源，以阐述"礼之所当然"，但他们并不隐身于礼规之下，而是在书写中标识着自己的立场、态度甚至情感。他们在时俗与时礼中折中去取，丰富着"礼之所当然"的内容，同时，亦反映了他们对社会秩序、文化惯习以及知识语境的思考。

二、书写者的立意：情感的与有序的

引入书写者的角色来观察家礼文本，使用"书写"这样的词汇来指示家礼文本的生产，并非是为了强调宋代文人的创造。事实上，没有一种家礼文本是彻底原生的，它们是书写者与既有的礼文规制与社会时俗的不断对话中所进行的修订与完善，即司马光所谓：

> 参古今之道，酌礼令之中，顺天地之理，合人情之宜也。[2]

---

[1]（宋）司马光：《司马氏书仪》卷三《婚仪上·亲迎》，丛书集成初编本。

[2]（宋）司马光：《司马氏书仪》卷三《婚仪上·婚》，丛书集成初编本。

这里，参、酌、顺、合等词无疑强调的是书写者的思考与取舍，强调书写者如何书写礼仪规范、如何表达伦理观念，以展现书写者的立意。

由书写者的视角去观察，家礼从来不是静态的规定，而是动态的。书写者在礼文中选择表达情感的用词、斟酌礼范的动作以及演礼时颇具象征意义的对话，以确定文本。

在礼仪的规定中，书写者将情感、价值和道德相为整合，使用"报""尊""敬""和""睦""哀"等情感词汇，又以"哭""哭擗""哭答""哭尽哀""哭答无辞"等动作来安排演礼者的情感表达。当然在这里，作为礼文动作的"哭"并非只用以表达情感，而是情感与仪式进程的结合，比如司马光《书仪·丧仪》中，有"反哭""卒哭"两个仪程，朱熹《家礼·丧仪》中增为"朝夕哭奠""反哭""卒哭"。在具体的演礼过程中，哭是有序有时的，既不允泛滥、亦不许不达。《家礼·丧礼》中，"初终"时"既绝乃哭"；"复"时，"男女哭擗无数"；讣告亲戚僚友，"以书来吊者并须卒哭，后答之"；设奠后，"主人以下为位而哭"；待灵座、魂帛安置后，"执友亲厚之人，至是入哭可也"，此时"主人相向哭尽哀、主人以哭对无辞"；"小敛"时，"主人主妇凭尸哭擗"，哭时方向不同，"主人西向凭尸哭擗，主妇东向亦如之"，迁尸床于堂中后，"主人以下哭尽哀，乃代哭不绝声"；"成服"日，五服之人，各服其服，"入就位，然后朝哭"；每日晨起，朝夕哭奠，"尊长坐哭、卑者立哭"，食时上食，"哭无时"，在这一环节，"哀至则哭于丧次"。此后，还柩、遣奠、发引、反哭、卒哭、小祥、禫时均皆行哭礼。[1]

对那些不在家的亲友而言，又另设奔丧与不奔丧两种不同的哭礼。始闻亲丧，"以哭答使者，又哭哀尽"；奔丧时，"道中哀至则哭"，不过在道中哭时，需"避市邑喧繁之处"，以免有"饰诈"之嫌；临近家门时，"望其州境、其县境、其城、其家皆哭"；入门诣灵柩前，拜后变服，"就位哭"。若不奔丧者，"齐衰三日中朝夕为位会哭……大功以下，始闻丧为位会哭"，此后"每月朔为位会哭，月数既满，次月之朔乃为位会哭而除之，其间哀至则哭"。这里，哭成为重要的礼仪进程。[2]

在礼的展演过程中，任何一个动作均是设定了的、有其需要表达的礼意。比如，上文中多次出现的"哭擗"，司马光讲："古者哭有擗踊。擗，拊心也；踊，跃也。《问丧》曰：恻怛之心，痛疾之意，悲哀志懑气盛，故袒而踊之，所以动体安心下气也。妇人不宜袒，故发胸击心爵踊，殷殷田田，如坏墙然，悲哀痛疾之至也。"[3]另外，作为礼的举动，每一个动作的次数也是设定的，既不可多亦不可少，依序而动、依礼而行，否则便失了礼意。以祭礼中常见的"拜"这一动作而论，程颐讲：

[1]（宋）朱熹：《家礼》卷四《丧礼》，王燕均、王光照校点，载朱杰人、严佐之、刘永翔主编《朱子全书》，上海古籍出版社、安徽教育出版社2002年版，第902—929页。

[2]（宋）朱熹：《家礼》卷四《丧礼·闻丧奔丧》，王燕均、王光照校点，载朱杰人、严佐之、刘永翔主编《朱子全书》，上海古籍出版社、安徽教育出版社2002年版，第913—914页。

[3]（宋）司马光：《司马氏书仪》卷五《丧仪一·哭泣附》，丛书集成初编本。

家祭，凡拜皆当以两拜为礼。今人事生，以四拜为再拜之礼者，盖中间有问安之事故也。事死如事生，诚意则当如此。至如死而问安，却是渎神。若祭祀有祝、有告、谢神等事，则自当有四拜六拜之礼。[1]

这里，拜礼的次数不仅是由事生与事死的礼仪内容而定，而且还与礼仪的议程详细与否有关。

最能体现动态描画的部分，莫过于书写者为每一位家礼展演过程中的讲话者所配上的独白与对白。独白指称那些演礼者需独自完成的祝词、祝文，对白则是指需要几位演礼人共同合作完成的对话内容。演礼并非默剧，从古至今，礼文中的讲话始终是仪程的重要组成部分。

以程颐《祭礼》为例。[2]该篇列四时祭、始祖祭（冬至祭）、先祖祭（立春祭）、祢祭（季秋祭），四部分内容占幅不多，却列有详细的独白内容。四时祭中，焚香时需有请辞曰："孝孙某，今以仲春之祭，共请太祖某官、高祖某官、曾祖某官、祖某官、考某官降赴神位。"祭祀毕，亦需焚香告知"祭事已毕"。始祖祭中，需读祝词，曰："维年月日，孝远孙某，敢昭告于某氏之祖妣，今以阳至之始，追惟报本，礼不敢忘，谨备清酌庶羞之奠，尚享！"先祖祭中，则曰："维年月日，孝远孙某，今以生物之始，恭请先

---

[1] （宋）程颢、程颐：《二程集》，王孝鱼点校，中华书局1981年版，第6页。

[2] 需要指出的是，程颐《祭礼》因只见于罗氏本，"诸本皆无之"，因此自宋代以来，就有"恐未必为先生所著"的说法。参见（宋）程颢、程颐：《二程集》，王孝鱼点校，中华书局1981年版，第628页。

祖姒以下降居神位。"祭祢中曰："孝子某，今以生物之始，恭请考君某官，姒某官某封某氏，降居神位。"[1]又如，司马光《书仪》祭礼中有关于祝词的内容，告祭时，需跪读祝词曰："孝孙具官（无官但称名）某，将以某日祇荐。"祭日时，同样跪读祝词："维年月日，孝子曾孙具位某，敢用柔毛、嘉荐、普淖，用荐事于曾祖考某官府君，曾祖姒某封某氏配，尚飨！"[2]

家礼文本中所给出的这些祝文不是为了抒发情感而作，书写者订立的祝文文辞，用词简短，格式化倾向明显。不过，在实际的演礼场景中，独白部分为祭者、祝者与祷者留下很多自由的写作与表达空间。

众所周知，在传统时代礼的表演世界中，由于没有拍摄、录像等现代技术可将礼仪复杂的场景留存下来以供分析，又由于那些擅长用文字来表达的人缺乏记载礼仪细节的兴趣，要了解演礼的过程十分困难。尽管如此，一些在仪式上宣读的祭文、祝文、祷辞等后来成为文人文集中的重要作品。现代研究者对这些文献的关注，主要集中在文体演变与文学技巧上，这样的研究无疑是重要的。但是，作为仪式的重要组成部分，祭文、祝文、祷辞等在礼仪进程中有着除文学性之外的其他功能。为避免枝蔓，这些文类在演礼中的具体呈现及象征意义暂且不论，即就文章体例而言，个人撰写时多样的表现手法、丰富的文学技巧与家礼文本所

---

[1]（宋）程颢、程颐：《二程集》，王孝鱼点校，中华书局1981年版，第628—629页。

[2]（宋）司马光：《司马氏书仪》卷十《丧仪六·祭》，丛书集成初编本。

提供的文辞是有差别的。以婚礼告庙祝文为例。司马光订立的文辞为"某（婿名）以今月吉日，迎妇某（妇姓）婚，事见祖祢。"[1]但在实际演礼中，韩元吉将他的大儿妇告知祖先时，是这样讲的：

> 淳熙四年十一月丙申朔二十七日壬戌，具位云云。某之男㵦，娶妇晁氏，朝奉郎、新通判庐州子阖之女，盖以道舍人之孙也。爰以嘉日，归见于庙。契谊既厚，子孙其宜之。[2]

韩元吉的祝文虽未脱离格式化的叙事，但他的祝词中详列告祭时间、所涉人物等具体信息，并将新妇的亲属关系细化罗列，又添加祝愿辞。也就是说，在撰者看来，祝文中只讲明一些事实是不够的，它还需要唤起情感反应，需要通过祝愿等修辞方式帮助仪式产生情感影响力。

与独白中的简洁相比，在对白环节，由于需要多人通力合作，家礼书写者往往将之写得相当仔细。比如，司马光《书仪·冠礼》"戒宾"中，主人与宾客之间的对话：

> 曰："某有子某，将加冠于其首，愿吾子之教之也。"宾对曰："某不敏，恐不能供事，以病吾子，敢辞！"

---

[1]（宋）司马光：《司马氏书仪》卷三《婚仪上·亲迎》，丛书集成初编本。
[2]（宋）韩元吉：《南涧甲乙稿》卷一八《㵦纳妇祝文》，丛书集成初编本。

主人曰："某愿吾子之终教之也。"宾对曰："吾子重有命，某敢不从。"

行礼前一日，"宿宾"：

曰："某将加冠于某之首，吾子将莅之，敢宿宾。"对曰："某敢不夙兴。"[1]

上引对白显然改写自《仪礼》，后来朱熹《家礼·冠礼》"戒宾"则又改写自司马氏《书仪》，语词上稍有增加，同时在"宿宾"上作了调整，将《书仪》中的"遣人宿宾"改为"遣子弟以书致辞"，措辞上更为详细：

前一日宿宾。遣子弟以书致辞曰："来日，某将加冠于子某，若某亲某子某之首，吾子将莅之，敢宿。某上某人。"答书曰："某敢不夙兴，某上某人。"[2]

这些对白或文字来往同样是具有礼意而不可任意替换改动的。比如礼辞环节，约定的语言"一辞而许，曰敢辞；再辞而许，曰固

[1] （宋）司马光：《司马氏书仪》卷二《冠仪·冠》，丛书集成初编本。

[2] （宋）朱熹：《家礼》卷二《冠礼·冠》，王燕均、王光照校点，载朱杰人、严佐之、刘永翔主编《朱子全书》，上海古籍出版社、安徽教育出版社2002年版，第890页。

辞；三辞曰终辞，不许也。"[1]对者与答者彼此所设定的文字礼序分明，不可更改，若有违例，显然妨碍演礼的进程与意义象征。

众所周知，书面语与口头语存在着差异，而宋代家礼文本对古礼的推崇，又使得较多对白以古语写成，那么，在实际演礼中又如何来处理？朱熹的弟子曾说此问题：

> 问："冠、昏之礼，如欲行之，当须使冠、昏之人易晓其言，乃为有益。如三加之辞，出门之戒，若只以古语告之，彼将谓何？"曰："只以今之俗语告之，使之易晓，乃佳。"[2]

如何让演礼者讲出充满奥义的古礼辞？学生的提问与朱熹的对答中均强调对礼辞的理解比礼辞本身更为重要。这里，提问者所列举的三加之辞、出门之戒，司马光与朱熹的书写事实上均来自《仪礼》，二人均照录原文。比如，冠礼中和三加之辞，始加祝词为"令月吉日，始加元服。弃尔幼志，顺尔成德。寿考惟祺，介尔景福。"再加辞为"吉月令辰，乃申尔服。谨尔威仪，淑慎尔德。眉寿万年，永受胡福。"三加辞为"以岁之受，以月之令，咸知尔服。兄弟俱在，以成厥德。黄耇无疆，受天之庆。"[3]换言之，尽管朱熹强调"只以今之俗语告之，使之易晓，乃佳"，作者在

---

[1]（宋）司马光：《司马氏书仪》卷二《冠仪·冠》，丛书集成初编本。

[2]（宋）黎靖德编：《朱子语类》卷八九《礼六·冠昏丧·总论》，王星贤点校，中华书局1986年版，第2272页。

[3]（汉）郑玄注，（唐）贾公彦疏：《仪礼注疏》卷三《士冠礼第一》，王辉整理，上海古籍出版社2008年版，第69—70页。

落笔时仍借助了古语来表达礼辞。隔着千年的时间距离，又经过几代人书写家礼的努力，演礼者说着同样的礼辞，在这里，礼辞与演礼时的哭擗、跪拜等动作一样已具有了秩序化的特质，更改不易。

三、仪式：意义的与重复的

从意义上去界定礼的功能是中国传统文化中的一贯洞见。《左传》中讲："礼，经国家、定社稷、序民人、利后嗣者也。""夫礼，天之经也，地之义也。""礼，上下之纪、天地之经纬也，民之所以生也。"《礼记》中讲："礼者，天地之序也。"[1] 这些论断虽然来自宋代以前，但同样构成了宋代家礼书写者的意义背景。不过，除开这些高悬的抽象，家礼的书写者是否对每一个仪式规定中的每个动作、每件礼器作过完整的阐释？仪式中象征行为的大部分形式是否有其文化意义？这些问题的答案琐碎而复杂。在宋代各类家礼所呈现的礼仪规范中，有些礼仪的目标与意义是被清晰表达出来的，有些却只能从文字中的某些间接证据中推论得知。

司马光引《冠义》来解释"冠礼"的礼意，认为"成人之道者，将责成人之礼焉，责成人之礼焉者，将责为人子、为人弟、为人臣、为人少者之行也"[2]，又说"若既冠笄，则皆责以成人之

---

[1]（春秋）左丘明：《左传》卷四《隐公十一年》，上海古籍出版社1990年版，第82页、第888页、第891页。

[2]（宋）司马光：《司马氏书仪》卷二《冠仪·冠》，丛书集成初编本。

礼，不得复言童幼矣"[1]。因此，冠礼的意义在于使演礼者明确冠者社会角色的承担及其身份的转换。又如，程颐阐释婚礼中纳采"谓婿氏为女氏所采，故致礼以成其意"[2]，司马光与朱熹也将纳采释为"纳其采择之礼"[3]。

家礼的书写者在多数礼的解释上取得了较为一致的意见，但亦有一些不同的理解与阐释。比如，婚礼纳采时用执雁，司马光沿用郑玄的解释说："用雁为赞者，取其顺阴阳往来之义。"[4]程颐则提供了另一种说法，认为："昏礼执雁者，取其不再偶尔，非随阳之物。"[5]朱熹《家礼》虽未设执雁礼，但他与学生之间有一段关于执雁的讨论：

问："昏礼用雁，'婿执雁'，或谓取其不再偶，或谓取其顺阴阳往来之义。"曰："《士昏礼》谓之'摄盛'，盖以士而服大夫之服（爵弁），乘大夫之车（墨车），则当执大夫之赞。前说恐傅会。"又曰："重其礼而盛其服。"[6]

[1]（宋）司马光：《司马氏书仪》卷四《居家杂仪》，丛书集成初编本。

[2]（宋）程颢、程颐：《二程集》，王孝鱼点校，中华书局1981年版，第620页。

[3]（宋）司马光：《司马氏书仪》卷三《婚仪上·纳采》，丛书集成初编本；（宋）朱熹：《家礼》卷三《昏礼·纳采》，王燕均、王光照校点，载朱杰人、严佐之、刘永翔主编《朱子全书》，上海古籍出版社、安徽教育出版社2002年版，第896页。

[4]（宋）司马光：《司马氏书仪》卷三《婚仪上·纳采》，丛书集成初编本。

[5]（宋）程颢、程颐：《二程集》，王孝鱼点校，中华书局1981年版，第315页。

[6]（宋）黎靖德编：《朱子语类》卷八五《礼二·仪礼·士昏》，王星贤点校，中华书局1986年版，第2197页。

三人对执雁礼各作说明，却并没有否认此礼。与此同时，那些有碍于意义表达，尤其是与传统的价值观念相为抵牾的仪式则是需要清理的。比如婚礼亲迎礼中的某些礼规，司马光《书仪》记礼曰："前期一日，女氏使人张陈其婿之室"，其下注曰：

> 俗谓之铺房，古虽无之，然今世俗所用，不可废也。床榻荐席椅桌之类，婿家当具之；毡褥帐幔衾绸之类，女家当具之；所张陈者，但毡褥帐幔帷幕之类应用之物，其衣服袜履等不用者，皆锁之箧笥。世俗尽陈之，欲矜夸富多，此乃婢妾小人之态，不足为也。文中子曰："婚娶而论财，夷虏之道也。"夫婚姻者，所以合二姓之好，上以事宗庙，下以继后世也。今世俗之贪鄙者，将娶妇，先问资装之厚薄；将嫁女，先问聘财之多少。至于立契约云"某物若干、某物若干"以求售某女者，亦有既嫁而复为欺绐负约者，是乃驵侩鬻奴卖婢之法，岂得谓之士大夫婚姻哉！其舅姑既被欺绐，则残虐其妇，以摅其忿。由是爱其女者，务厚资装，以悦其舅姑，殊不知彼贪鄙之人，不可盈厌。资装既竭，则安用汝力哉？于是质其女以责货于女氏，货有尽而责无穷，故婚姻之家往往终为仇雠矣。[1]

众所周知，婚姻总是有其经济层面的考量。当经济行为与礼

---

[1]（宋）司马光：《司马氏书仪》卷三《婚仪上·亲迎》，丛书集成初编本。

仪特质交织在一起时，社会群体更感兴趣的是经济方面的安排。因此，"将娶妇，先问资装之厚薄；将嫁女，先问聘财之多少"。然而，对于礼文的书写者而言，彰显礼意是书写中的重点。司马光认同作为时礼的"铺房"，但却反对世俗对其意义的曲解。他重申《礼记·昏义》，认为婚姻的意义在于"合二姓之好，上以事宗庙，下以继后世"，但"铺房"礼的实际呈现却成了"矜夸富多"的表演，并将婚姻的意义转为"求售某女""质其女以责于女氏"的买卖关系，最终将"合二姓之好"的寄望转为"婚姻之家往往终为仇雠"的结果。

除了清理与礼意相悖的礼文外，书写者在改写、删除、修订礼文过程中，那些书写者反复书写唯恐错失的仪式细节比那些模糊的或可以忽略的仪式有着更为重要的意义。同样，那些被批驳之后仍在继续书写的仪式与被轻易放弃的仪式相比，其基础也更为牢固。

宋代家礼书写者在礼文的去取中，一方面不断削繁，一方面不断完善细节。前者如朱熹认为婚礼六礼中"有问名、纳吉，今不能尽用，止用纳采、纳币，以从简便"。[1] 后者如他所书写的"妇见舅姑"中盥馈一节，讲：

> 是日食时，妇家具盛馔、酒壶，妇从者设蔬果卓子于堂

---

[1] （宋）朱熹：《家礼》卷三《昏礼·纳币》，王燕均、王光照校点，载朱杰人、严佐之、刘永翔主编《朱子全书》，上海古籍出版社、安徽教育出版社2002年版，第897页。

上舅姑之前，设盥盆于阼阶东南，帨架在东。舅姑就坐，妇盥，升自西阶，浅盏斟酒，置舅卓子上，降，俟舅饮毕，又拜，遂献姑进酒，姑受，饮毕，妇降，拜，遂执馔升，荐于舅姑之前，侍立姑后，以俟卒食，彻饭。侍者彻余馔，分置别室，妇就馂姑之馀，妇从者馂舅之馀，婿从者又馂妇之馀。[1]

这一段描述中，有"具""设""坐""升""斟""置""降""饮""拜""进""执""立""食""彻""馂"等动作，演礼出场的人员有舅、姑、新妇、侍者、妇从者、婿从者等，每个行礼者的每一个动作均是具体的、可以落实到位的，似乎仪式越具体、越翔实，就越能把握完美社会秩序的宏观图景。

书写的仪式安排着每一位演礼者的动作，无需考虑礼文表演时的各种要素是否预先安排、参与者是否有相同的知识、参与者当日的心情、与仪式场面相称的背景是什么等等因素。作为一种书写的仪式，每一个人的行动成为一种类型，它是一个可重复的事件，而不是已发生的事实，而礼的社会意义就是在这样的重复中得以展现出来。

[1] （宋）朱熹：《家礼》卷三《昏礼·妇见舅姑》，王燕均、王光照校点，载朱杰人、严佐之、刘永翔主编《朱子全书》，上海古籍出版社、安徽教育出版社2002年版，第900页。

四、话外之音：书写边界中的问题

家礼文本所要揭示的是道德的、仪式的、实践的社会学。书写者积极置身于意义系统与各种象征符号的制造时，也在家族关系以及性别的边界处提出了许多问题。

朱熹《家礼》中以"报本反始之心，尊祖敬宗之意，实有家名分之守"[1]来强调家的亲缘关系。现代研究者在界定家族与宗族时不约而同地认为，其构成的基本要素是血缘关系（有人称之为血胤）[2]，在一个家族、宗族之中，人们"生相亲爱，死相哀痛"[3]，血缘基础上的个体存在着交互性的情感。宋代学者进一步阐述了这种交互性情感的媒介："族人每有吉凶嫁娶之类，更须相与为礼，使骨肉之意常通。"[4]换言之，他们内在于彼此的血缘之间，通过礼来沟通外在的骨肉，而唯有礼才能"致其精神，笃其恩爱，有义有数"。[5]同样，"骨肉之意""恩爱笃亲"也可因礼而切割。韩琦在寒食祭拜之时，提到了家族葬制，他说：

---

[1] （宋）朱熹：《家礼》卷一《通礼·祠堂》，王燕均、王光照校点，载朱杰人、严佐之、刘永翔主编《朱子全书》，上海古籍出版社、安徽教育出版社 2002 年版，第 875 页。

[2] 参见徐扬杰：《宋明家族制度史论》，中华书局 1995 年版，第 1 页；冯尔康：《中国古代的宗族和祠堂》，商务印书馆 2013 年版，第 21—23 页。

[3] （汉）班固：《白虎通德论》卷八《宗族》，四部丛刊初编本。

[4] （宋）程颢、程颐：《二程集》，王孝鱼点校，中华书局 1981 年版，第 7 页。

[5] （宋）朱熹：《晦庵先生朱文公文集》卷八一《跋古今家祭礼》，戴扬本、曾抗美校点，载朱杰人、严佐之、刘永翔主编《朱子全书》，上海古籍出版社、安徽教育出版社 2002 年版，第 3825—3826 页。

死则托二茔，慎勿葬他所。得从祖考游，魂魄自宁处。无惑葬师言，背亲图福祐。有一废吾言，汝行则夷虏。宗族正其罪，声伐可鸣鼓。宗族不绳之，鬼得而诛汝。[1]

个体若不遵家礼家法订立者所创立的规制，其行为不只是与自身文化相背离，还成为宗族的罪人，因此需解除血缘上的亲属关系。不遵家法礼规，"鬼得而诛之，天可以谴之"这类颇似诅咒式的言论在唐宋士人中间十分普遍。韩愈曾提到其兄长的嘱咐，"昔在韶州之行，受命于元兄，曰：'尔幼养于嫂，丧服必以期！'今其敢忘？天实临之"[2]。包拯的家训中有"后世子孙仕宦，有犯赃滥者，不得放归本家；亡殁之后，不得葬于大茔之中。不从吾志，非吾子孙"[3]。邹浩父亲有意将先祖所作的一首训诫诗刻石传示子孙，希望"世世奉承，此心弗坠，庶几稍称前人所以垂裕之意，一有违叛，是辱其先，是大不孝，非吾子孙也"[4]。绍兴十四年（1144），赵鼎讲："吾历观京洛大夫之家，聚族既众，必立规式，为私门久远之法，今参取诸家简可而行者，付之汝曹，世世

[1] （宋）韩琦：《安阳集》卷二《寒食亲拜二坟因诫子侄》，《宋集珍本丛刊》第6册，第420页。

[2] （唐）韩愈：《韩昌黎文集校注》卷五《祭郑夫人文》，马其昶校注，上海古籍出版社2014年版，第378页。

[3] （宋）吴曾：《能改斋漫录》卷一四《包孝肃公家训》，上海古籍出版社1979年版，第404页。

[4] （宋）邹浩：《道乡先生邹忠公文集》卷三一《曾祖诗训后语》，《宋集珍本丛刊》第31册，第236页。

守之，敢有违者，非吾之后。"[1]绍兴二十二年（1152），周钦若去世前六日，"索纸书字二百余，以戒其四子"，并告诫道："不能遵吾训，是谓不孝；他日或仕，不以廉自守，是谓不忠；不孝不忠，非吾子孙也。"[2]在宋代，一些事例可以证明，若违家礼家法，"非吾子孙"的说法不仅仅是纸上的警告，而是落实于行动。比如，江西人陆九韶管理大家族，"以训戒之辞为韵语，晨兴，家长率众子弟谒先祠毕，击鼓诵其辞，使列听之。子弟有过，家长会众子弟责而训之；不改，则挞之；终不改，度不可容，则言之官府，屏之远方焉"[3]。

订立礼法的最初目标是为了家族之传承，族人若不遵家内礼法，便被切割这层亲人之间的自然关系。如此一来，在家礼书写者的笔下，血缘（包含姻亲）谱系下的亲属关系由是否遵守礼法来界定。当亲属关系不是全部源于血亲与姻亲的自然关系之时，人们不仅可以切割亦可重新选择非血缘的亲属。文化中的多元性是家礼书写者未及注意却又不自觉触及的层面。

另外，在性别问题上，家礼书写者同样提出了疑问。宋代家礼文本中，书写者对男女角色的定位秉承着礼学一直以来的传统。在礼文的书写中，男女有主次之分。男性被称为主人，并成为演礼时的主角，又以礼仪场合中的方位与座次来表现男主女次的差别。比如，宗族聚会时的座次，"妇以夫之长幼为序，不以身之长

---

[1]（宋）赵鼎：《忠正德文集》卷十《家训笔录》，文渊阁四库全书本。

[2]（宋）韩元吉：《南涧甲乙稿》卷一六《铅山周氏义居记》，丛书集成初编本。

[3]（元）脱脱等：《宋史》卷四三四《陆九韶传》，中华书局1985年版，第12879页。

幼"[1]；丧礼中的方位，主人以尊者东位西向、主妇则西位东向，[2] 当然，这种排列是书写者根据方位尊卑观念的变化而作出的相应调整。[3]除了主次之分，男女又有内外之分，所谓"男治外事，女治内事。男子昼无故不处私室，妇人无故不窥中门，有故出中门，必拥蔽其面"[4]。详冠礼，略笄礼。在仪式进程的设置中，内外区分更为明显，女笄者既笄，拜见者"惟父及诸母姑兄姊而已"，而男冠者先是"东向拜见诸父诸兄，西向拜赞者"，接着"入见诸母姑姊"，后出门"见于乡先生及父之执友"。[5]

然而，当某些礼文无法纳入男主女次或女内男外之分的关系系统时，应当如何来书写？宋代家礼的书写者时不时地抛出一些思考。比如，司马光在"魂帛"条记载是否用影时讲：

世俗皆画影，置于魂帛之后。男子生时有画像，用之，犹无所谓。至于妇人，生时深居闺阃，出则乘辎軿，拥蔽其面，既死，岂可使画工直入深室，揭掩面之帛，执笔望相，

---

[1]（宋）司马光：《司马氏书仪》卷四《居家杂仪》，丛书集成初编本。

[2] 例如，丧礼"为位而哭"时，主人坐于床东，主妇、众妇女坐于床西；小敛毕，"主人、主妇凭尸哭擗，主人西向凭尸哭擗，主妇东向亦如之"。载（宋）朱熹：《家礼》卷四《丧礼·为位》《丧礼·小敛》，王燕均、王光照校点，朱杰人、严佐之、刘永翔主编《朱子全书》，上海古籍出版社、安徽教育出版社2002年版，第904、907页。

[3] 例如，司马光在"同牢之礼"时讲："古者，同牢之礼，婿在西、东面，妇在东、西面。盖古人尚右，故婿在西，尊之也。今人既尚左，且须从俗。"载（宋）司马光：《司马氏书仪》卷三《婚仪上·亲迎》，丛书集成初编本。

[4]（宋）司马光：《司马氏书仪》卷四《婚仪下·居家杂仪》，丛书集成初编本。

[5]（宋）司马光：《司马氏书仪》卷二《冠仪·冠》《冠礼·笄》，丛书集成初编本。

画其容貌，此殊为非礼，勿可用也。[1]

司马光批判世俗中的用影做法，因此，他在书写中仅置"魂帛"，并相信"束帛依神，今且从俗，贵其简易"，而朱熹则认为此"亦古礼之遗意也"[2]。两人说法虽异，但不脱古礼与时俗的斟酌之意。画影虽同为俗礼，但在书写者的视域之中，它显然不符合对女性的观念预设，因而被排斥在书写的范畴之外。然而在实际生活中，宋代人物画的艺术成就不显，人物画像日益流行[3]，"生则绘其像，谓之'传神'，殁则香火奉之，谓之影堂"，而士人也逐渐从在社会功能的层面去认定遗像之俗的合理性，说："方其彷徨四顾，思亲欲见而不得，忽瞻之在前，衣冠容貌宛如平生，则心目之间感发深矣，像亦不为徒设也。"[4]明清以后，画影而祭与"立主"一起成为中国传统家祭时的重要受祭象征形式。这样一来，在司马光看来"非礼勿可用"的画影到后世终于"得礼行于世"。

由此，家礼书写者在话题边界处所留下的空白，经由观念、功用、价值等一系列的社会演进，终于成为家庭礼仪规范。从这个进程来看宋代的家礼文本，它显然不只是书写者所制定的礼文条框，而是由情感与秩序、意义与象征、制度与文化等启动之下的社会事实的总和。

---

[1]（宋）司马光：《司马氏书仪》卷五《丧仪一·魂帛》，丛书集成初编本。

[2]（宋）司马光：《司马氏书仪》卷五《丧仪一·魂帛》，丛书集成初编本。

[3] 参见陆敏珍：《宋代文人的画像与画像赞》，《浙江学刊》2019年第2期。

[4]（宋）牟巘：《陵阳先生集》卷一五《题赵主簿遗像》，《宋集珍本丛刊》第87册，第575页。

《走出五代：十世纪藩镇研究》绪论

闫建飞

一、问题缘起

建隆元年（960）正月，宋代周而立。在后世看来，这是一个结束五代十国分裂割据局面、开创"太平盛世"的历史节点。但就当时的实际情况而言，"群心未尽归附，诸侯坐看兴亡"[1]，是更真实的历史图景。对当时的统治集团来说，"走出五代"、避免成为第六代短命王朝，是最迫切的历史任务，也是宋初政治体制调整的核心关切。

要想了解宋初如何"走出五代"，必须先"走进五代"，了解五代问题之所在。聂崇岐将五代政治大患归结为二：腹心之患的禁军和肢体之患的藩镇。[2] 不过，相比于宋初禁军问题的缓和，持

---

[1] 柳开：《河东先生集》卷一〇《乞驾幸表》，四部丛刊本。

[2] 聂崇岐：《论宋太祖收兵权》，载聂崇岐《宋史丛考》，中华书局1980年版，第266页。

续两百余年的藩镇问题给宋廷带来的压力更为持久，牵动面也更广。于鹤年甚至将中唐至宋初称为"一整个的藩镇时代"。他认为这一时期：

> 可称道的固然不仅有藩镇一件事，然而他总不失为最重要者，因为政治的变革，宫廷的风潮，民族的兴衰，文化的递嬗，差不多都和他有关系。若以藩镇为这一时期历史的中心，是最适当不过的。[1]

因此，讨论宋初"走出五代"的历史过程，以藩镇为核心议题是十分合适的。

藩镇，或称"方镇"，在唐后期五代既可特指节度使，也可泛指包括州刺史在内的所有地方实权派，亦常指直属中央的节度使、观察使等连帅和直属州。[2]本书主要指当时以节度使、观察使为长官的集军政、民政、财政权力于一体的高层政区。[3]其中节度使为军事使职，观察使为民政使职，藩镇统辖支郡的权力源于观察使，故节度使必兼观察使。唐后期的藩镇问题与安史之乱密切相关。天宝十四载（755），安史之乱爆发后，叛军很快攻占河北和洛阳、长安。为平定叛乱，玄宗幸蜀途中，于普安郡发布诏书，将边地的节

---

[1] 于鹤年：《唐五代藩镇解说》，《大公报·史地周刊》1936年3月8日。

[2] 罗凯：《何为方镇：方镇的特指、泛指与常指》，《学术月刊》2018年第8期。

[3] 按照与县的统辖关系，中国古代地方政区可分为县级政区、统县政区和高层政区三层。参看周振鹤：《中国地方行政制度史》，上海人民出版社2005年版，第80—82页。

度使制度引入内地，形成藩镇林立的局面。安史之乱被平定后，藩镇又成为唐廷心腹之患，尤以代宗、德宗、宪宗三朝与藩镇的冲突最为激烈。在应对藩镇挑战过程中，朝廷采取了许多措施。建中元年（780）的两税法、元和四年（809）的两税三分改革和元和十四年（819）增加刺史军权的改革经常被视为唐廷制衡藩镇的重要措施。经过肃宗、代宗、德宗、宪宗四朝的努力，朝廷逐步化解了安史之乱及其伴随的危机。凭借着对藩镇的整合与改造，以及江淮财赋的支持，安史之乱后唐朝维持了很长时间。[1]

乾符元年（874），黄巢之乱爆发，唐廷遭遇一场更严重的危机。与安史之乱主要波及北方不同，黄巢之乱扰动区域遍及南北，不仅基本摧毁了唐王朝，也是藩镇发展史上的标志性事件。黄巢之乱前，藩镇主要被视为地方高层政区，黄巢乱后情况则大不相同。一方面，五代十国诸政权多由唐末藩镇发展而来，"方镇为国"[2]是他们共同的建国道路，由此藩镇体制深深嵌入诸政权乃至宋初的政治体制之中，幕府僚佐也往往凭借关系一跃成为朝廷重臣，构成诸政权的核心决策层，与相对稳定的文官群体共同维系着五代政治的日常运转。另一方面，五代十国政权建立后，凭借

---

[1] 陈寅恪：《唐代政治史述论稿》，生活·读书·新知三联书店2001年版，第203—204页；李碧妍：《危机与重构：唐帝国及其地方诸侯》，北京师范大学出版社2015年版。

[2] "方镇为国"的类似说法，最早见于欧阳修："梁以宣武军建国"。载《新五代史》卷二七《康义诚传赞》，中华书局2015年版，第338页。又见吕祖谦："朱全忠以方镇建国，遂以镇兵之制用之京师。"载吕祖谦：《丽泽论说集录》卷九《门人所记杂说一》，载黄灵庚等编《吕祖谦全集》，浙江古籍出版社2008年版，第239页。

建国过程中形成的军事优势，沿着唐后期削藩的道路继续前进，使藩镇从统辖区域、行政层级、官员设置、权力结构等方面逐渐趋同于州郡，是为藩镇州郡化。可见，黄巢乱后是藩镇体制向上影响中央朝廷、向下改造州郡体制、从更深更广层面影响整个国家政治体制的历史阶段。

十世纪藩镇的变化主要表现在三个层面。一是中央层面的"方镇为国"，即五代十国诸政权由唐末藩镇发展而来。在这一过程中，诸政权尤其是朱温、李存勖建国过程中如何控制辖下众多藩镇，建国之后藩镇体制对中央政治体制的影响、幕府僚佐化身朝廷重臣对朝廷人事体系的冲击等，都是值得注意的问题。二是作为高层政区藩镇本身的变化。十世纪地方行政层级调整的趋势是从唐后期的道、州、县三级制向宋初路、州、县三级制转变，这一过程包括道级方镇的消失和路级监司的兴起两个前后相继的阶段。[1] 宋代监司兴起后，表面上看地方行政回归三级制，实际上宋代高层政区本身、高层政区与统县政区的关系与唐后期相比都发生了质变。三是统县政区州郡的权力结构变化。州郡权力结构调整是十世纪地方行政最关键的变化，也是藩镇州郡化的核心内容。藩镇州郡化并不是向唐前期州、县二级制下的州郡复归，而是向不断调整内部权力结构、确立起分权体制的宋代州郡迈进，最终在铲平藩镇、调整州郡权力结构基础上建立起更高程度的中央集权。

---

[1] 宋代监司一般被认为处于监察区向行政区的过渡阶段。为便于与其他时段比较，本书暂且视为行政区。

不过，我们讨论十世纪藩镇，仅仅局限于制度的渊源流变是不够的，亦要关注与之相关的政治人群的活动。其中，节帅作为藩镇长官，地方士人作为幕府文职僚佐，是研究藩镇不可忽视的政治人群。他们的政治参与既关系到藩镇治理、朝藩关系，也对他们自身的政治命运有决定性影响。对节帅而言，积极参与还是抗拒藩镇州郡化进程；对地方士人而言，入仕还是归隐，盘桓幕府还是任职中央州县，入幕之后是自结府主还是主动向中央靠拢，既是个人选择，又受制于时势。观察他们的政治活动和应对策略，有助于我们理解时代变迁和制度转换对政治人群的切身影响，也有助于从纵深层面理解藩镇体制带给当时国家和社会的深刻烙印。

本书的研究时段为十世纪，起于黄巢之乱爆发的乾符元年（874），这主要源于该事件对唐末五代历史和藩镇的巨大影响，终于宋太宗去世的至道三年（997）。需要指出的是，就藩镇问题而言，宋初的标志性事件是太平兴国二年（977）宋太宗下诏废藩镇支郡，但废支郡后，州郡权力结构调整和藩镇州郡化进程尚未完成，直到宋太宗去世后，知州制取代刺史制，这一进程方告结束。

本书的研究区域为北方，这是由"走出五代"的主题决定的。北宋的政权基础来自五代，宋初政策调整的重点也在"旧疆"而非"新土"。与南方相比，十世纪北方的政治变动更剧烈，面临的情势更复杂，藩镇体制的影响更深，藩镇州郡化推进的难度更大。将研究区域放在北方，更有利于展现这一历史进程的复杂性以及不同政治势力的博弈过程。所谓北方，即五代封疆的大致范围，可分为河南、河北、河东、关中、淮南五个区域。河南地区指五代政权统治的黄河以南、潼关以东地区，相当于唐贞观河南道以及开元山南东道、淮南道部分地区。河东、河北地区即唐开元河东道、河北道在五代封疆之内的部分。由于唐末特殊的政治军事格局，河东地区还包括属于关内道的振武、天德两镇，不包括黄河以南的虢州。关中地区即潼关以西。淮南地区即后周世宗所取淮南十四州。

宏观上看，十世纪的方镇为国和藩镇州郡化都在唐后期藩镇问题的延长线上，五代宋初政权同样要解决安史之乱以来的藩镇问题。方镇为国重建了中央集权的军事优势，是五代王朝顺利推行藩镇州郡化措施的基础，藩镇州郡化使藩镇实力不断被削弱，藩镇问题逐渐成为肢体之患，二者共同助推藩镇问题的解决。不同之处在于唐后期中央集权衰落，朝廷无力消灭所有叛藩，其藩镇政策追求的目标并非瓦解藩镇，而是藩镇承认唐廷统治前提下朝藩关系的相对稳定。五代宋初则不然，朝廷的强势使藩镇政策的目标逐步转变为彻底废除藩镇体制，持续两百余年的藩镇问题也最终得到解决。藩镇问题解决后，藩镇州郡化的诸多措施和精神原则仍得以延续，持续影响着宋代乃至后世的地方行政体制。

二、研究回顾

目前学术界对十世纪藩镇已有较多研究。以下分藩镇、政治人群两个方面，对与本书主旨相关者做一简要归纳。

藩镇问题一直是唐史研究的热点之一，学界已有不少总结，[1] 对其研究模式也有反思。[2] 日本学者高濑奈津子将藩镇研究分为两部分，一是藩镇的权力构造研究，二是藩镇辟召制和幕职官研究。[3] 二者之中，藩镇的权力构造更能揭示藩镇问题的核心，辟召制和幕职官事实上也属于藩镇权力构造的一部分。高濑奈津子将藩镇的权力构造进一步划分为藩镇与中央的关系（朝藩关系）、藩镇的军事构造两部分。前者属于藩镇与外部世界的关系，后者属于藩镇内部的权力结构。受此启发，本书按照内外之别，将藩镇研究分为藩镇与中央的关系、藩镇内部的权力构造两部分，军事构造、辟召制、幕职官均可纳入后者范畴。[4]

朝藩关系历来是藩镇研究的重点，成果丰硕，其中从朝廷削藩角度论述者最多。学者们或着眼于五代宋初朝廷的整体削藩措

[1] 如胡戟等主编：《二十世纪唐研究》，中国社会科学出版社 2002 年版，第 50—58、61—62、101—103、136 页；[日] 高濑奈津子：《第二次大戦後の唐代藩鎮研究》，载 [日] 堀敏一《唐末五代変革期の政治と経済》，汲古書院 2002 年版，第 225—253 页。

[2] 张天虹：《唐代藩镇研究模式的总结和再思考——以河朔藩镇为中心》，《清华大学学报》2011 年第 6 期；仇鹿鸣：《长安与河北之间：中晚唐的政治与文化》，北京师范大学出版社 2018 年版，第 327—349 页。

[3] [日] 高濑奈津子：《第二次大戦後の唐代藩鎮研究》，载 [日] 堀敏一《唐末五代変革期の政治と経済》，汲古書院 2002 年版，第 225—253 页。

[4] 李碧妍：《危机与重构：唐帝国及其地方诸侯》，北京师范大学出版社 2015 年版，第 6 页。

置，[1] 或聚焦于某一具体政策如监军制度等。[2] 总的来看，五代宋初的削藩研究中，学者多采取列举式论证，且重复研究较多，对朝藩关系在不同阶段的发展、不同区域的差异缺乏应有的关注。五代与宋初的研究壁垒也未完全打破。近年来，学者们从不同层面多次强调唐末宋初是一个完整的研究单元，[3] 讨论宋初藩镇也应从唐末五代谈起，只是相关研究较少往前追溯，不少议题尚有推进的余地。

朝藩关系并非仅仅包含二者的对立面（削藩和叛乱），藩镇体制对中央乃至整个政治体制的影响也是重要方面。正如邓小南所言："对于中央与地方关系问题的逐步理顺，并不完全是由于五代

[1] 参见聂崇岐：《论宋太祖收兵权》，载聂崇岐著《宋史丛考》，中华书局 1980 年版，第 263—282 页。李昌宪：《五代削藩制置初探》，《中国史研究》1982 年第 3 期。齐勇锋：《五代藩镇兵制和五代宋初的削藩措施》，《河北学刊》1993 年第 4 期。陈长征：《唐宋地方政治体制转型研究》，山东大学出版社 2010 年版，第 124—233 页。

[2] 参见 [日] 友永植：《宋都监探原考（一）—唐代の行营都监—》，《别府大学纪要》第 37 辑；《宋都监探原考（二）—五代の行营都监—》，《别府大学アジア歴史文化研究所報》第 14 号；《宋都监探原考（三）—五代の州県都监—》，《史学論叢》第 34 号。张萌：《五代十国监军考论》，陕西师范大学 2013 年硕士论文。

[3] 邓广铭和李锦绣从宋代官僚制形成的角度，强调宋初与唐五代的连续性。参见邓广铭：《对申采湜教授论文的评议》，载东洋史学会编《中国史研究的成果与展望》，中国社会科学出版社 1991 年版，第 135 页；李锦绣：《唐后期的官制：行政模式与行政手段的变革》，载黄正建主编《中晚唐社会与政治研究》，中国社会科学出版社 2006 年版，第 1 页。邓小南认为"自唐朝末年经五代至北宋初年，在政治、军事、文化等方面面临的社会矛盾性质类似，统治者在挣扎摸索中致力于解决的问题也类似，从这一意义上说，这期间事实上属于同一单元。北宋的政治局面，正是从'五代'走出来的。"参见邓小南：《祖宗之法：北宋前期政治述略》，生活·读书·新知三联书店 2006 年版，第 78 页。

的统治者成功地压制了强藩、彻底地摒弃了藩镇制度，而恰是因为他们消化吸纳了发展至此时的地方制度中的许多创获，从而生发出富于活力而应变有效的新机制。"[1]这方面研究是五代宋初朝藩关系的重要内容。周藤吉之、王赓武、日野开三郎对五代政权与藩镇体制的继承关系有比较全面的论述，[2]其中禁军与藩镇军制的关系尤其引人注目，产生了一批有分量的成果。[3]

与唐后期藩镇内部军事结构、辟召制、幕职官研究的丰厚成果比较，十世纪藩镇的相关研究相对单薄。对藩镇牙军的研究，多集中在后梁、后唐和其他政权建国前的牙军部队，其实是禁军

---

[1] 邓小南：《祖宗之法：北宋前期政治述略》，生活·读书·新知三联书店 2006 年版，第 205 页。

[2] 参见 [日] 周藤吉之：《五代節度使の支配體制—特に宋代職役との關聯に於いて—》，《史学雜誌》第 61 卷第 4 期、第 6 期。[日] 日野開三郎：《五代史の基調》，《日野開三郎東洋史学論集》第 2 卷，三一書房 1980 年版，第 296—304 页。

[3] 参见 [日] 堀敏一：《五代宋初における禁軍の發展》，《東洋文化研究所紀要》第 4 册，第 83—151 页。[日] 菊池英夫：《五代禁軍に於ける侍衛親軍司の成立》，《史淵》第 70 辑，第 51—77 页；《五代後周に於ける禁軍改革の背景—世宗軍制改革前史—》，《東方学》第 16 辑，第 58—66 页；《後周世宗の軍制改革と宋初三衙の成立》，《東洋史学》第 22 辑，第 39—57 页。冨田孔明：《五代の禁軍構成に關する一考察—李克用軍団の變遷について—》，《東洋史苑》第 26 号，第 83—115 页；《五代侍衛親軍考—その始源を求めて—》，《東洋史苑》第 29 号，第 1—32 页；《後梁侍衛親軍考—その構成に関する諸説の矛盾を解いて—》，《竜谷史壇》第 92 号，第 32—49 页。齐勇锋：《五代禁军初探》，《唐史论丛》第 3 辑，第 157—230 页。张其凡：《五代禁军初探》，暨南大学出版社 1993 年版。杜文玉：《五代十国制度研究》，人民出版社 2006 年版，第 372—505 页。范学辉：《宋代三衙管军制度研究》，中华书局 2015 年版，第 38—86 页。

前史的一部分。[1]幕职官方面关注的核心问题是宋代幕职州县官体系的形成过程。[2]

总的来说，十世纪藩镇研究成果不论数量还是质量都无法与唐后期相提并论，二者关注的问题亦各有偏重。唐后期藩镇研究中学者们讨论的很多重要问题，在十世纪藩镇研究中则隐而不彰。如"胡化说"自陈寅恪以来就是分析安史之乱、唐后期藩镇问题的重要视角，[3]但在十世纪藩镇研究中，除了对入主中原的沙陀和西夏前身的党项关注较多外，[4]其他部族如突厥、粟特、回鹘等已较少进入藩镇研究者的视野。这固然与学者关注重点的转移有关，但也反映出十世纪民族融合进入新阶段，"胡/汉"语境的消解。[5]

[1] [日]周藤吉之：《五代節度使の牙軍に關する一考察—部曲との關聯において—》，《東洋文化研究所紀要》第 2 冊，第 3—72 頁。来可泓：《五代十国牙兵制度初探》，《史学月刊》1995 年第 11 期。

[2] [日]片山正毅：《宋代幕職官の成立について》，《東洋史学》第 27 辑，第 58—74 頁。郑庆寰：《体制内外：宋代幕职官形成述论》，中国人民大学 2013 年博士论文。

[3] 陈寅恪：《唐代政治史述论稿》，生活·读书·新知三联书店 2001 年版，第 209—235 页。仇鹿鸣对"胡化说"的有效性进行了探讨，并指出可以从是否维持部落形态、胡人对自身种族和文化的自我界定两个方面，将"胡化说"这一描述性概念化约为更有效的分析工具。仇鹿鸣：《长安与河北之间：中晚唐的政治与文化》，北京师范大学出版社 2018 年版，第 306—320 页。

[4] 相关研究甚多，无法枚举，仅举其要。沙陀研究如樊文礼：《唐末五代的代北集团》，中国文联出版社 2000 年版；森部豊：《ソグド人の東方活動と東ユーラシア世界の歴史の展開》，関西大学出版部 2010 年版；王义康：《沙陀汉化问题再评价》，《陕西师范大学学报》1995 年第 4 期；李丹婕：《沙陀部族特性与后唐的建立》，《文史》2005 年第 4 期。党项研究如[日]冈崎精郎：《タングート古代史研究》，京都大学东洋史研究会 1972 年版；周伟洲：《早期党项史研究》，中国社会科学出版社 2004 年版等。

[5] 邓小南：《试谈五代宋初"胡/汉"语境的消解》，载邓小南《朗润学史丛稿》，中华书局 2010 年版，第 74—94 页。

在十世纪藩镇研究中，既要关注这一时期藩镇发展的新特点，也要注意到相比唐后期没有藩镇的层面，才能更好地把握藩镇问题的脉络和走向。

在中国传统官僚群体分类中，文武是最常见的分类方法。唐末五代宋初的文武群体有不少研究，关注的问题包括文武群体的构成和文武关系两个方面。就前者来说，学者们讨论了五代宋初来自河南、河北、河东、关内的文武官员数量、出身之不同及变化。同时学者们注意到，五代政权频繁更迭之下，文武官员历仕多朝的比例很高，文臣群体的相对稳定支撑起五代政权的延续。[1] 时代乱离和"武夫当政"之下，士人在入仕与归隐之间的抉择及出仕观念，也吸引了不少学者关注。[2] 就文武关系而言，最容易注意到的是五代宋初文武隔绝、对立乃至敌视的现象。不过学者们的研究指出，五代激荡的时代环境促使文武群体之间接触、沟通增多，双方既相互排抑制约，又相互依存补充，在特定条件下相

---

[1] [日]西川正夫：《華北五代王朝の文臣官僚》，《東洋文化研究所紀要》第27册，第211—261页。毛汉光：《中国中古政治史论》，上海书店出版社2002年版，第418—474页。[日]堀敏一：《朱全忠政権の性格》，《駿台史学》第11号，第38—61页。

[2] 赵效宣：《五代兵灾中士人之逃亡与隐居》，《新亚书院学术年刊》第5期，第291—330页。李定广：《唐末五代乱世文学研究》，中国社会科学出版社2006年版，第27—55页。[日]铃木隆行：《五代の文官人事政策に関する一考察》，《北大史学》第24卷，第25—38页。金宗燮：《五代政局变化与文人出仕观》，《唐研究》第9卷。

互参与着对方特质的塑造和改变。[1]正如邓小南所提示和示范的，对文武群体和文武关系的讨论，一方面要注意到文武群体内部家世背景、出身途径及个人资质等的差异，另一方面要将文武关系嵌入当时的政权内部权力结构，才能更好地把握文武关系变动的实质。[2]

三、本书结构

十世纪藩镇的变化包括方镇为国和藩镇州郡化两个方面，前者为朝廷层面，后者包括高层政区和州郡层面及相关政治人群活动。本书以此为依据共分四章。

第一章从方镇为国的角度讨论五代北宋王朝的建国道路。五代十国诸政权多由唐末藩镇发展而来，后梁、后唐是方镇为国的典型案例。方镇为国过程中，朱温、李存勖如何在唐朝藩镇体制下控制辖下藩镇，并从中发展出集权体制建立新朝，是本章的核心关注。后晋、后汉的建立与契丹经略中原密不可分，后周、北宋的建立则是禁军崛起的结果。表面上看，后晋以降诸政权的建国道路与后梁、后唐差异明显，并不属于方镇为国。但后晋、后

---

[1] 方震华：《权力结构与文化认同：唐宋之际的文武关系（875—1063）》，社会科学文献出版社 2019 年版，第 81—110 页。闫建飞：《评方震华〈权力结构与文化认同〉》，《中外论坛》2019 年第 1 期，第 159—172 页。邓小南：《走向再造：试谈十世纪前中期的文臣群体》，载《漆侠先生纪念文集》，河北大学出版社 2002 年版，第 36—73 页。

[2] 邓小南：《走向再造：试谈十世纪前中期的文臣群体》，载《漆侠先生纪念文集》，河北大学出版社 2002 年版，第 36—73 页。

汉均由河东藩镇发展而来，禁军崛起是藩镇军队禁军化的结果，诸政权的政治、军事、财政、人事等同样受到方镇为国的深刻影响，仍然在方镇为国的延长线上。

第二章以朝廷、藩镇、州三者的关系为核心，讨论地方行政层级的调整。唐后期地方行政是道、州、县三级制，藩镇州郡化表现在行政层级上，主要指削除藩镇一级。从这个角度来说，支郡专达、裂地分镇、直属州是藩镇州郡化的重要措施。本章主要追踪这些措施的实施情况，呈现不同时期、不同区域的差异，展现藩镇层级消亡的历史过程，同时比较唐后期道、州、县三级制与北宋路、州、县三级制下，高层政区及其与统县政区关系的差别。藩镇瓦解后，原来的节度使、刺史等阶衔继续存在，形成宋代的正任、遥郡序列。本章重点讨论遥郡序列的形成过程。

第三章从分权的角度探讨州郡权力结构的调整，这是藩镇州郡化的核心内容。随着藩镇州郡化，州郡权力结构也在不断变化。五代宋初的朝廷通过削藩，使藩镇逐渐趋同于州郡。州郡本身的权力结构也在不断变化，从唐后期由刺史掌握军政、民政权力的集权体制，逐渐过渡到宋初以知州掌民政，通判为其贰，兵马都监掌军事，监当官管榷税的分权体制。这一转变过程，本章将从知州制取代刺史制、宋代幕职州县官体系之形成、宋初"制其钱谷"的背景及措施、兵马都监演进与地方武力整合四个方面进行讨论。

第四章希望以节帅和地方士人为核心，讨论藩镇时代的地方政治人群活动，动态观察方镇为国和藩镇州郡化对地方政治人群的影响。节帅选择张全义洛阳经营为个案。张全义活跃于唐末五代前期，是方镇为国和藩镇州郡化的参与者和见证者，他治下的洛阳多次经历京城与藩镇治州的转变。从洛阳经营个案中，我们既能观察到京藩交错给都城建设的影响，也注意到京藩二重底色对张全义个人的仕宦与婚姻网络、社会关系等的影响。地方士人活动则以柳开家族为线索进行观察。柳开家族主要活跃于五代后期宋初，属于中下层士人，是藩镇州郡化的参与者和见证者。柳氏家族成员在任职藩镇幕府还是朝廷州县之间的变化，仕宦区域的变动，对科举入仕的态度，都与藩镇州郡化进程密切相关。

十世纪藩镇的变化对宋代地方行政制度有何影响？在中国地方行政制度演进中处于怎样的位置？是本书最后想回答的问题。

《读墓：南宋的墓葬与礼俗》 前言

郑嘉励

宋代是中国历史上的重要时期，在政治、经济、文化领域内的系列变革，影响既深且远。宋室南渡后，江浙成为全国性的政治、经济、文化中心。南宋于浙江区域历史的意义尤其重大，史学家刘子健先生认为："中国近八百年来的历史，是以南宋为领导的模式，江浙一带为重点的模式。"[1]南宋以后，江南仍为全国性的经济、文化中心，但不复为政治中心。南宋的重要性，对于浙江而言，是此前的汉唐或稍后的明清时期所无法比拟的。

南宋墓葬，从皇陵、勋臣贵族到一般士庶，无论地下墓室、随葬品、墓园和墓地形态，均较汉唐五代时期有巨大变化，并由此奠定明清乃至近代墓葬的制度基础和文化基调。若将刘子健先生对南宋重要性的整体性论述，移用于墓葬领域，亦无不妥。

墓葬，作为安放死者遗骸的人造空间，既维护了往生者的安

---

[1] 刘子健：《略论南宋的重要性》，载《南宋史研究论集·代序》，台湾新文丰出版公司 1985 年版。

宁，也寄托着生者的意图和现实需求。在"形而上"的层面，因为连接着生与死、存在与虚无，以及潜藏其中的生死悲欢和观念世界，墓葬是个极具思想张力的意象；在"形而下"的层面，如棺椁的结构营造、随葬品的种类组合、墓园的平面布局、墓地的形势卜址、家族墓地的规划理念，墓葬既是建筑营造、器物生产等技艺演进的展示空间，更是丧葬礼俗、堪舆术数、宗教信仰、家族伦理等思想观念竞逐的舞台。前述墓葬内涵构成的多维面向，既有"百里不同俗"的区域性因素，也有"与时俱进"的历时性特征。空间与时间的交织，加上复杂而幽微的人性，墓葬因而成为国家（区域）社会进步、经济发展、技术演进、思想和宗教观念变革等因素综合作用的结果。凡此种种，构成墓葬考古学研究的全部对象。

二十世纪中叶以来，浙江及其附近地区发现的两宋墓葬，尤其是南宋墓葬，数目众多。但是，宋墓的系统整理和综合性研究并不为学术界所重视。近二十年来，宋墓的考古发掘工作日趋规范，随着一些重要考古资料的披露，宋墓的研究状况始略有改观。

南宋墓葬，长期不为世人所重，原因是真实而复杂的，要言之：一是南宋历史年代晚近，文献史料存世较多，不成体系的考古工作，在史学研究中价值甚微；二是浙江宋墓的地下墓室多为土坑墓、砖椁券顶墓或砖（石）椁石板顶墓等几种简单的结构形式，既无石雕、壁画等壁面装饰，又缺少精美的随葬品，无法引起偏重图像分析的艺术史家的关注；三是由于陵谷变迁、人为盗毁，宋墓的地表遗迹多已无存，而且考古工作多出于仓促，大量考古发掘简报仅涉及简单的地下墓室，历史信息有限。南宋墓葬给人的印象似乎一直如此：长方形竖穴墓室，体量不大，若无新奇的随葬品或重要历史人物的墓志出土，几乎别无可述。

事实果真如此吗？南宋墓葬的学术意义何在？换言之，我们应该如何发现并赋予宋明墓葬以稍成体系的学术价值，这是对浙江考古工作者的学识和智力的一大挑战。

宋元明考古作为历史时期考古最晚段的门类，与早期很大的区别在于文献记载的发达，考古工作涉及的对象，在正史、方志和文人笔记中，或多或少有所记载；纵然无直接记载，对文献的充分掌握，也构成考古资料解读必要的历史背景，以规避考古阐释中极容易出现的脱离具体历史脉络的危险。如何处理文献与考古的关系，是历史时期考古重大的理论问题。文献与考古不是同一语境下的材料，有矛盾，有冲突，是其常态，固然不必事事牵合。但是，考古与文献同为历史的片段和侧面，只有将两者结合起来才更有机会接近历史的局部真相——如果我们默认考古学属于历史学范畴的话。从事历史晚段墓葬的具体研究，文献准备是基本要求，算是"大处着眼"；在具体个案中，保持考古材料的独立性，并尽量从考古材料出发，算是"小处入手"。

考古学的逻辑起点是实物遗存，它可能比一般的历史学更具有"克己"的美德，但实物本身的碎片化和考古发现的局限性，又决定了考古学的研究都是相对的、局部的和阶段性的。许多更有学术和思辨魅力的历史领域因为不会留下实物，我们只能敬而远之。即使有遗物留存的墓葬考古研究，也依然不同于一般的丧葬史研究，这必然会限制我们思想火花的激发，但同时也更有机会远离虚妄与玄学。在考古学的现实制约与历史学的高蹈理想之间，我们都是戴镣铐的舞者。然而，以实物结合文献始终不失为有效的历史复原法，但愿我们尚不至于全然放弃或泯灭想象力的权利和天赋。

社会持续的世俗化和扁平化发展趋势，使宋代物质文化呈现出与此前不同的面向和趣味。传统考古学的地层学、类型学、等级制度等研究方法，在江南地区的宋元明考古实践中的重要性有所降低。无妨这么说吧，宋元明考古应该有与早期考古不同的方法和问题意识。如果只是配合基本建设中的偶然发现、随着工程计划清理古代墓地的冰山一角，而无长远周密的规划和目标，宋元明考古资料的"碎片化"特征较之先秦考古尤其明显，除了罗列考古材料，稍加阐释，几乎无法提出具有引领性的历史学议题——这种学科焦虑倒逼我们必须在田野中尝试将墓葬物质形态的完整性复原到极致，在书斋里尽量结合更多更妥帖的历史文献，勉力回应学术界和公众关于墓葬的所有疑问，以问题意识将材料串联起来，从而使材料和议题呈现出整体性的特征。

窃以为，唯有如此才能不断拓展南宋墓葬考古的边界，并赋予其较为重要且成体系的学术性。但知易行难，这本以《读墓：南宋的墓葬与礼俗》为题的小书能否达到前文声称的目标，则是我毫无把握并深以为惶恐的。

但无论如何，我得介绍一下本书的研究对象、时空界定、框架结构和主要观点或者说是学术创新点。

本书的研究对象是古墓葬及其相关问题，即具有一定物质形态或有可能留下物质遗存的与墓葬或丧葬礼俗有关的对象。

时间范围，则以南宋为中心，个别材料和问题的讨论，向前可追溯至五代吴越国和北宋时期，向后则迄于元明时期，因为只有在较长时段的历史发展脉络中，才能把握并揭示墓葬制度、社会礼俗、思想观念的变与不变。

空间范围，以两浙地区（南宋两浙西路、两浙东路）为中心，即以今浙江省境域为主体，兼顾苏南、上海的材料。北宋太平兴国三年（978）吴越国归宋后，以吴越旧地置两浙东北路，治杭州，领杭州、越州（绍兴）、苏州、常州、润州（镇江）、湖州、婺州（金华）、明州（宁波）、温州、台州、处州（丽水）、衢州、睦州（严州）、秀州（嘉兴）等十四州。[1]雍熙二年（985），以两浙西南路为福建路，两浙东北路遂简称两浙路，辖区并无变化。熙宁九年（1076），两浙路分为两浙西路、两浙东路，次年又合并为一路。南宋绍兴元年（1131），以临安府为行在，将两浙路分为东、西两路，遂为南宋定制。鉴于福建路的东北部与两浙地缘接近，又是朱熹的家乡及其重要活动区域，本书也会涉及福建路建宁府、福州、兴化军三州的材料。由于许多问题的讨论，必须与以今河南、陕西关中为中心的北方中原地区进行比较研究，故又需涉及中原地区的墓葬和文献材料。中原与江南作为两宋时期最重要的区域，实在无法割裂讨论。概而言之，本书界定的空间范围，是南宋时

---

[1] （宋）王存等：《元丰九域志》卷五《两浙路》，乾隆五十三年德聚堂刻本。

期杭州、苏州、常州、润州、湖州、秀州、越州、婺州、明州、温州、台州、处州、衢州、睦州等十四州，加上福建路建宁府、福州、兴化军，共十七州区域。为论述方便，有时将这十七州区域径称为"江南"。江南是南宋政治、经济和文化的中心，本书以《读墓：南宋的墓葬与礼俗》为名，虽略有以偏概全之嫌，但仍大体可通。

关于礼俗概念的界定。随着视角下移、聚焦大众生活的社会史、文化史研究的兴起，礼俗逐渐成为史学研究关注的对象。所谓"以礼化俗"，狭义的礼俗，指在礼制的规范或影响下所形成的社会风俗。礼俗是国家礼仪在民众生活中的投射，连接着国家与民众之间的上下两端。国家在儒教观念指导下形成的礼制和民间宗教信仰、丧葬习俗等风俗交迭的部分，构成了礼俗的内容。先秦儒家认为"礼不下庶人"，很少有涉及庶人的礼仪规范。然而，"以礼化俗"也是历代儒家士大夫的施政理念，唐宋以来，儒家礼仪观念逐渐向民间生活渗透。北宋徽宗修成的《政和五礼新仪》，第一次在国家礼典中较系统地增加了面向庶民阶层的礼仪规范，完成了"礼下庶人"的历史转变。司马光《书仪》、朱熹《朱子家礼》均为平民拟定了从祠堂、衣冠服饰到冠婚丧祭等方面需要遵循的礼仪准则。南宋时期，礼俗更加广泛地涉及了国家和儒教礼制中这些与民众日常生活相关的部分，但像郊坛、宗庙祭祀等只属于国家礼制而与民众生活无关的内容，就不能归入礼俗的范畴。风俗是民众的乡土生活习惯，在宋代"一道德，同风俗"成为国家和士人共同的目标之后，民间习俗中越来越多地渗入儒教思想的影响，但处于礼制约束范围之外的内容，例如重阳登高、七夕乞巧等，都只能算风俗，不能列入礼俗。[1] 在中国的礼仪传统中，丧葬礼以及与丧葬密切相关的祭礼是两类最重要的礼仪，也是礼俗研究的核心内容之一。不言而喻，本书所讨论和研究的礼俗，通常是与墓葬或丧葬直接相关的部分。

本书共分为四章。第一章"南宋墓葬的形态与制度"，旨在复原地下墓室、随葬品、墓园、坟寺、坟庵、风水择址等，尝试将一座南宋墓葬理论上的完整形态，尽量复原到极致。在"无使土亲肤"观念对墓室结构、营造工艺的影响，随葬品的世俗化和平民化特征，包括墓阙、墓祠在内的墓园制度的考古学复原研究，多层次墓祭在墓地中共存，形法墓地、五音墓地概念的辨析以及堪舆风水术对中原、江南墓地形态不同的影响等方面，可能稍具新意。

第二章"合葬与族葬"，在许曼、刘未等学者研究的基础上，系统论述夫妻合葬的左、右位次排列和妻妾合葬问题；"昭穆葬"概念的辨析，以及对"昭穆启穴""添穴合葬"等合葬行为模式的分析；从一代人、二代人合葬，到三代人、多代人合葬，"族葬"概念界定的递进式研究；江南地区族葬墓地的形态类型；江南与中原族葬墓地的差异及其成因。在以上方面，或间有创见。

第三章"从中原到江南"，聚焦于宋室南渡的背景下，不同阶层的南渡中原移民，在自然条件、人文传统迥异的江南地区，在

---

[1] 张佳：《新天下之化：明初礼俗改革研究》导言，复旦大学出版社2014年版。

丧葬活动中采取何种程度的在地化策略；武义明招山吕祖谦家族墓地的形态与规划，以民国《（鄞县）木阜吕氏宗谱》为据对北宋东莱吕氏在新郑神崧里家族墓地的复原研究；对南宋六陵从五音墓地向形法墓地演变的历时性剖析；"昭穆葬"的宋元明转型。篇章之间，既多新材料的披露，更有新方法的实践。

第四章"南宋的志墓碑刻"，首先辨析圹志、墓志铭、神道碑、墓上小碑的异同，并将其还原到具体的墓地中，指出墓志铭与神道碑合流、圹志的盛行是丧葬习俗领域持续世俗化、平民化的表征；对浙江出土南宋墓志的综述和墓志物质化信息的讨论，既公布了若干新资料，亦尝试为南宋墓志碑刻研究开辟一新路径。

以上是我自以为可能存在的学术创新点，读者诸君在阅读全书以前，且姑妄听之。

《如朕亲临：帝王肖像崇拜与宋代政治生活》楔子

黄博

嘉祐二年（1057）九月，北宋都城开封迎来了一批姓名不详的契丹使臣，此行他们带着一个特殊的使命而来。自澶渊之盟后，宋辽双方交好已逾半个世纪，交聘往还，年年都有，已属稀松平常，尤其是最近几年，双方来往频繁，亲如一家。两年前，即至和二年（1055）八月，在位二十多年的辽兴宗崩逝，兴宗的长子耶律洪基即位于枢前，是为辽道宗。当月，宋朝边境的雄州就接到这一消息，不等契丹的正式通告，宋廷就立即组建了使团，准备前往致意，任命了大文学家欧阳修为"贺契丹登宝位使"，兵部郎中吕公弼为"契丹祭奠使"，工部郎中李参为"契丹吊慰使"。

使团此行一方面对契丹新遭的国丧表示哀悼和慰问，另一方面也对辽道宗的即位予以祝贺。仁宗还特意下旨为辽兴宗之丧，辍朝七日，并让宋朝与契丹交界的河北、河东州郡在丧期内，不得大搞娱乐活动，以示对契丹举国丧痛的感同身受。次月，契丹告哀使才到开封，通报了兴宗之丧。仁宗甚至亲自穿上丧服为辽兴宗举行了哀礼，宰相带领着群臣也前来慰问如仪，双方感情之融洽，可见一斑。[1]

但这次契丹使臣的来意，却有些令仁宗为难。契丹使臣随行带来了新君辽道宗的画像打算送给宋仁宗，同时也提出想要换得一幅宋仁宗的画像带回契丹，即双方互相交换各自皇帝的画像。[2]契丹人为什么会突然生出这个奇怪的要求，而宋仁宗又该如何应对呢？

后人往往以为宋代文化繁荣，而契丹不过长于游牧射猎，恐怕未必能有什么文艺生活。然契丹虽兴起于北国草原，但其立国还早于北宋，且承唐末五代以来好尚文艺的传统，诗词歌赋，丹青妙笔，也足以夸耀于世。契丹的人物画水平，在当时堪为一绝。契丹在建国之初，即有描绘帝王的形象加以展示的习惯。早在938年，辽太宗耶律德光就曾下诏修建一座名叫"日月四时堂"的建筑，在日月四时堂的两庑之间"图写古帝王事"，即把古代帝王故事画在廊屋两侧以供人们观摩。[3]

辽太祖阿保机的长子，也是辽太宗的长兄东丹王耶律倍，即是五代有名的人物画家。他以异国皇子的身份驰名宋代画坛，《宣和画谱》称扬他特别喜爱画画，且大多描绘的是契丹贵族、酋长

---

[1]（宋）李焘：《续资治通鉴长编》卷一八四，中华书局2004年版，第4366页。

[2]（宋）李埴：《皇宋十朝纲要校正》卷六，燕永成校正，中华书局2013年版，第220页。

[3]（元）脱脱等：《辽史》卷四，中华书局2016年版，第48页。

的形象，这些人物大多以粗犷之气给人以强烈的视觉冲击，出场人物往往"袖戈挟弹，牵黄臂苍"，不以中原衣冠礼服示人，而是"服用皆缦胡之缨"，以"鞍勒瑰奇"炫人眼球。[1]传世名画《东丹王出行图》据说即出自他的手笔。画末有一身着黄袍、头戴小冠、面色凝重的中年人，即是他的自画像。

画中人物既传神，又写真，须发纤毫毕现，五官栩栩如生，但却神色黯然，惆怅满腹，颇与他流落中原的落难王子身份相映成趣。

耶律倍虽然与辽国的皇位失之交臂，且一生颠沛流离，最后死于乱军之中，但后来的大辽皇帝，几乎都是他的子孙。947年，辽太宗耶律德光在南征灭后晋的撤军途中突然崩殂，耶律倍的长子永康王兀欲当时正随侍军中，被诸军拥立为帝，是为辽世宗。辽世宗即位后，立即将他追尊为皇帝，号"让国皇帝"，为耶律倍营建了皇陵，号为"显陵"，在陵中设置了"影殿"，供奉耶律倍的画像，岁时祭奠，又在东京辽阳府的宫墙北侧修建了一座专门供奉其父耶律倍画像的"御容殿"。[2]

契丹人对皇帝的崇拜，很早就有了"偶像"的需求，辽太宗本人就曾经令人绘制过他的父皇辽太祖阿保机的画像。947年辽太宗南下灭后晋，建号"大辽"，为向契丹各部宣耀自己的功绩，修建了一座大寺——天雄寺，寺中除了供奉佛像以外，还有一幅阿

---

[1]（宋）佚名：《宣和画谱》卷八，嘉庆十年虞山张氏照旷阁刻学津讨原本。

[2]（明）王圻：《续文献通考》卷八〇，商务印书馆1936年版，第3502页。

保机的画像。[1]在1057年遣使北宋求取宋仁宗的画像前，对于皇帝的画像，契丹已有一整套的御容绘制、供奉和祭礼仪制。史料显示，契丹人在祭礼皇帝时，常常绘制御容，立庙以祀。在其五京，修建了一系列的御容殿以祭祀契丹的历代皇帝。

如在中京大定府（城址在今内蒙古赤峰市宁城县天义镇境内）有辽景宗和承天皇后萧氏的帝后合一的御容殿一座，南京析津府（今北京）则有辽景宗、辽圣宗的御容殿各一座。[2]契丹建国之初，就很注重培养和招纳绘画人才，朝廷中专门设置有"翰林画院"。契丹画家的人物画，有着强烈的写实风格，写真摹形的技法一流。时至今日，上至帝王陵墓，下至达官贵人的墓葬中都有许多精美的肖像画。

所以辽道宗甫一即位，便有了自己的画像，其实并不特别。有意思的是，契丹人不但想要知道自己的皇帝长什么样子，也好奇宋朝皇帝的长相。澶渊之盟后，宋辽两国交往十分密切，双方皇帝是真的"神交"已久，每逢元旦岁时节日以及双方皇帝的生辰、国丧、新君即位，都会遣使致意，犹如"老朋友"，但古代不比现代，双方最高领导不可能举行会晤，想要见上一面，自是难如登天。辽兴宗与宋仁宗差不多同时即位，两位皇帝一起度过了二十多年的太平时光，竟始终无法见上一面，不免留下很大的遗憾。

［1］（元）释觉岸：《释氏稽古略》卷三，江苏广陵古籍刻印社1992年版，第394页。

［2］（明）王圻：《续文献通考》卷八〇，商务印书馆1936年版，第3502页。

据说，至和元年（1054），宋方的大臣王拱辰奉命出使契丹，辽兴宗在混同江设宴款待宋使，酒足饭饱之后，又一起在江边看钩鱼（契丹渔猎的一种方式），双方都玩得很高兴。[1]王拱辰临走前，辽兴宗又请他喝酒，席间兴宗非常真诚地说："南北两国修好多年，朕最大的遗憾是不得亲见南朝皇帝大哥（指宋仁宗），想托爱卿带一杯酒回南朝。"说罢，辽兴宗站了起来，亲自斟了一杯酒递给王拱辰，一起举杯祝南朝皇帝千秋万岁，并且还欢快地弹起了琵琶。[2]这大概是辽兴宗首次公开表示想与宋仁宗见面，显然他也知道，这个想法不现实，只能遥相举杯，隔空对饮。

其实，早在一年之前，辽兴宗就想到了一个两国皇帝会晤的变通方案。

皇祐五年（1053）十二月，辽兴宗对臣下表示："朕与宋朝皇帝约为兄弟，欢好岁久，欲见其绘像，可以把朕的这个想法给即将前来庆祝元旦的宋使说说。"[3]辽兴宗最初可能想让宋朝主动一点，因为我已经首先表达了对你们皇帝的思念之情，你们应该主动把宋仁宗的画像送过来。不过，宋朝方面好像对此不太感兴趣。于是，面对宋人如此的不解风情，辽兴宗在临终前，不得不再次派遣使者入宋，先把自己的画像送给了宋仁宗。

宋朝方面的史料记载，至和二年（1055）四月，辽兴宗派保安

---

[1]《梦溪笔谈》原文作"庆历年间"，按《续资治通鉴长编》及《王拱辰墓志》，王拱辰出使契丹当在至和元年（1054），沈括显然记错了时间。

[2]（宋）沈括：《梦溪笔谈》卷二五，嘉庆十年虞山张氏照旷阁刻学津讨原本。

[3]（元）脱脱等：《辽史》卷二〇，中华书局2016年版，第280页。

军节度使、左监门卫上将军耶律防等人入宋，"来贺乾元节"，即祝贺宋仁宗的生日，并送上"契丹主绘像"。辽使送上自己皇帝的画像，是为了向宋朝求取一幅宋仁宗的画像，并且特地解释说，辽兴宗此举是想通过交换各自皇帝画像的方式"以代相见"，来一场"如朕亲临"的虚拟会晤，以便进一步加深两位皇帝间的"兄弟感情"。[1]对此，宋朝群臣在内部经过一番讨论后决定把仁宗的画像送给辽兴宗，以慰其思念之情。

可惜辽兴宗并没有等到宋朝把仁宗御容送来，就撒手人寰，相识二十多年的两位"老朋友"终究是相交一场，却始终缘悭一面。

不过事情可能也没有那么悲观，虽然辽兴宗并没有从正式渠道获得宋仁宗的画像，但很可能已从"非法"的渠道得到了宋仁宗的御容。因为此次契丹使臣耶律防是一位人物画的高手，他此行目的就是来"偷画"宋仁宗的御容。此秘密任务还是当时契丹另一位大名鼎鼎的使臣刘六符透露出来的。刘六符在庆历二年（1042）曾出使宋朝，以声言向宋朝索取十县土地的办法，大敲宋朝的竹杠，宋朝最后不得不同意契丹增加岁币的要求，从此一战成名。

此后他大概是有些得意忘形了，皇祐三年（1051）八月，辽兴宗生日时，宋朝派出工部郎中、知制诰、史馆修撰兼侍讲王洙前往祝寿，当宋使抵达契丹境内的"鞨淀"时，刘六符奉命前来迎请，并设宴款待宋使，他竟然在宴席上对王洙说："你们恐怕不知道耶律防很会画画哟，此前他出使宋朝时，曾偷偷画下了仁宗的

---

[1]（宋）李焘：《续资治通鉴长编》卷一七九，中华书局2004年版，第4329页。

"圣容"带回契丹。"他还当场建议把耶律防偷画的仁宗画像，拿到宋使下榻的招待所请王洙鉴赏，被王洙婉言谢绝了。王洙严正表态说："这里不是瞻拜我朝皇帝御容的地方。"接着刘六符甚至更过分地说："这幅仁宗的画像恐怕画得不像，打算再派耶律防去一趟开封，再画一次。"王洙听罢，只得严词劝阻。[1]可见，辽兴宗派耶律防使宋求取仁宗御容是有两手准备的，如果不能从宋朝官方途径拿到御容，凭耶律防的画技也可以暗中画一幅回来。

不过，在官方层面，由于无法亲自会晤，也没有及时得到宋朝送来的仁宗画像，宋辽两国皇帝确实是连对方长什么样子都不知道的。有鉴于此，辽道宗在即位两年后就派出使臣入宋，提出了交换两国皇帝画像的请求，道宗此举大概是为了替自己的父皇弥补遗憾吧！宋仁宗收到这个请求后，一时拿不定主意，下旨让群臣商量办法。大臣们担心把皇帝的画像送给契丹会有潜在的风险，如拿到画像后，去作一些"厌胜之术"，诅咒皇帝，那就会危害到皇帝的人身安全。厌胜术在中古时代相当流行，但作为邪术，往往也遭到朝廷的严厉禁止，唐代就有立法打击厌胜行为。

不过古人相信厌胜术的施行必须要有所凭借，《唐律疏议》解释，厌胜术的方法很多，具体操作则往往不能详知，但大体上可分成两步，首先给诅咒的对象"图画形象"或"刻作人身"，然后在人物的"画像"或"人偶"上，"刺心钉眼"或"系缚手足"，颇似后世民间所谓的"打小人"。可见，大臣们的担心也不无道理。把仁宗的画像送给契丹，岂不是正好给契丹人提供了施行厌

---

[1]（元）脱脱等：《宋史》卷二九四，中华书局1977年版，第9815页。

胜术的必备条件了吗？

除了害怕获得宋仁宗画像后去行厌胜术，也有大臣担心被契丹戏弄。听闻契丹使臣向宋廷求取仁宗御容后，时任殿中侍御史的赵抃立即给仁宗上了一道奏疏，在写给仁宗的《乞不许虏使传今上圣容状》中，赵抃说，他听说此事后，日思夜想，觉得"大为不可"。他认为南北和好才不过五十年，宋朝已经给契丹太多的东西了，给钱给物就算了，现在契丹人居然还想要代表中原正统的"华夏礼法"，前几年派人来借乐谱，今年又来求御容，不知道他们又要玩什么把戏。何况求取御容一事，在正式的国书中并没有一字提及，只是契丹使者的口头转述，是真是假还不一定，所以千万不能答应，免得契丹觉得我们好欺负。[1]

赵抃的反应显然过于偏激，契丹借乐谱反映的是对中原文化的向往，求御容是想加强两国皇帝的兄弟感情。赵抃的心态，可以说是宋辽关系中"讲金不讲心"的典型。这些人往往带有自我中心主义的盲目自大。在他们看来，宋朝打仗不行，不得不花钱买和平，你契丹有钱收就行了，想跟我讲感情、谈文化，你还不配。辽兴宗的一番好意，真成了"我本将心向明月，奈何明月照沟渠"了。

《宋史》记载，赵抃平日超尘脱俗，常以"一琴一鹤自随"，可他对待契丹求取仁宗画像的偏激心态，却真是焚琴煮鹤，大煞风景。

---

[1]（宋）赵抃：《乞不许虏使传今上圣容状》，《全宋文》第41册，上海辞书出版社、安徽教育出版社2006年版，第148页。

　　当然，宋朝大臣中也有明白人，欧阳修就给仁宗说，契丹与宋朝通盟多年，辽兴宗即位后一直非常看重两国的和好关系，且人家诚意满满，契丹使臣前来，有时除了正式的国书，还带有兴宗写给仁宗的"家书"，后来又想一睹仁宗的画像，人家诚心诚意想跟我们交朋友，我们却不相信他，这是有违信义的。欧阳修希望仁宗能够"出于独断"，不要受他人蛊惑，千万不要"沮其善意"，因为这点小事破坏了双方的友好情谊，实属得不偿失。[1]

　　对大臣们的争论，仁宗经过一番思虑之后，还是同意了契丹使臣的请求。《皇宋十朝纲要》记载，契丹使臣是嘉祐二年（1057）九月庚子日（二十七日）来的，《长编》没有记载契丹使臣的"来日"，只在十月己酉日（六日），记载当日仁宗下旨任命翰林学士兼侍读学士、工部郎中、知制诰、史馆修撰胡宿为"回谢契丹使"，同时答应把仁宗的画像送给契丹，约定等下次庆贺元旦的使臣前往契丹时，会把仁宗的画像放在衣箱里带过去。[2]

　　看来，仁宗在考虑了七八天以后，还是满足了辽道宗的愿望。仁宗之所以最后还是同意了契丹使臣的请求，据《邵氏闻见后录》的记载，是出于帝王的自信。仁宗在大臣们议论之后，一锤定音地说道："我对他们这么好，他们肯定不会把我的画像拿去做坏事儿。"[3]

---

[1]（宋）欧阳修：《论契丹求御容札子》，《全宋文》第32册，上海辞书出版社、安徽教育出版社2006年版，第256页。

[2]（宋）李焘：《续资治通鉴长编》卷一八六，中华书局2004年版，第4492页。

[3]（宋）邵博：《邵氏闻见后录》卷一，中华书局1983年版，第4页。

仁宗此举，大大地彰显了他的帝王风度，宋人的"野史"中更是大肆描写了仁宗御容进入契丹的盛况——仁宗以真正的帝王之气征服了"蛮夷之君"。

据说，这次宋朝派遣御史中丞张昪前往契丹赠送仁宗的画像，辽道宗带着盛装的仪仗队，亲自出宫相迎，当见到宋仁宗御容的那一刻，辽道宗被征服了，脸上露出了既震惊又严肃的表情，当即对着仁宗的画像拜了两拜。然后对身边的手下们说："这位才是真的圣主啊！我若是生在中原，最多只配在他身边当个负责打杂的都虞候，为他执鞭捧盖足矣！"[1]宋仁宗的画像具有如此震慑人心的魔力，恐怕只是宋人坊间流传的一厢情愿的"神话"罢了。

上述这个故事出自《邵氏闻见后录》，不见于之前所引的正史如《长编》《宋史》等书，且《长编》的小注特别注明，这个故事的原型最早来自张唐英的说法。李焘考证故事中的细节发现，这次负责送仁宗画像去契丹的根本不是张昪而是另有其人，因此这个故事的真实性其实是很值得怀疑的。[2]但这个故事却又是宋人所喜闻乐见的，因为他们更愿意相信，天下虽然有两个皇帝，但只有自己的皇帝才是真正的皇帝！

仁宗御容后世尚可得见，其相貌气度，当然是仁者见仁，智者见智，但是否可以以其帝王之相折服契丹人？答案显然是不能的。

---

[1] （宋）邵博：《邵氏闻见后录》卷一，中华书局1983年版，第4页。

[2] （宋）李焘：《续资治通鉴长编》卷一八六，中华书局2004年版，第4492页。

巧的是，嘉祐二年（1057）宋辽互换御容之际，契丹方面可能已经从别的渠道拥有了宋仁宗的画像。《辽史》记载，清宁年间（1055—1064），辽道宗曾派遣契丹最善于"写真"的画家耶律裹履出使宋朝。史称耶律裹履"风神爽秀，工于画"，他曾经与辽圣宗的次女秦晋长公主的孙女订有婚约，但这位公主孙女的母亲与公主的一个侍婢有仇，她对耶律裹履说："你要是能把这个侍婢除掉，我就允许你们成婚。"耶律裹履求婚心切，竟然真的用计把这个婢女杀了。

事情败露后，他被判了死刑，这时耶律裹履画了一幅辽圣宗的画像献给辽兴宗，兴宗见到已经逝去多年的父皇出现在眼前，大受触动，竟然免去了他的死罪，后来还因为他擅长"写真"，提拔他为"同知南院宣徽事"，负责御前服务诸事。辽道宗即位后，他奉命出使宋朝，宋仁宗设宴款待了他。他本来是有机会端详仁宗相貌的，可惜席间仁宗的脸一直被御座前的一个花瓶挡着，使他无法看清仁宗的长相，直到宴会完毕，起身告辞之际，他才有机会看了仁宗一眼。

就这一眼，他就默默记住了仁宗相貌，在返程途中边走边画，待到了宋辽边境上，一幅仁宗的"写真"就画好了。这时他把仁宗的画像拿出来给宋方饯行的人看，在场的宋人见到仁宗的画像时"骇其神妙"。[1] 显然，在这个故事中，不是仁宗的画像征服了契丹使者，相反，是契丹使者以其鬼斧神工般的高超画技折服了

---

[1] （元）脱脱等：《辽史》卷八六，中华书局 2016 年版，第 1458 页。

宋人。

以上的故事反映了宋辽之间的御容往还，既有兄弟之间相见恨晚式的温情脉脉的一面，也有对手之间一比高下式的暗中较劲的一面。从中也可以看到，皇帝的画像，并不是一般的画作，而是附加了神圣价值的艺术瑰宝，它在一定程度上可以代替天各一方的两位皇帝的见面会晤，更在这种"见画如面"的过程中竞争天命。

有意思的是，辽道宗对宋朝皇帝的画像似乎特别感兴趣。

《契丹国志》记载，辽道宗清宁十年（1064），即宋仁宗崩逝的次年，宋英宗即位改元的当年，辽道宗派遣十年前曾经前来求取宋仁宗画像的使臣耶律防再次入宋，这次求取的是宋真宗和宋仁宗两代皇帝的画像。有了仁宗之前的先例，英宗倒是没有多少犹疑就答应了。派出以右谏议大夫、权御史中丞张昇为"回谢使"的代表团护送真宗和仁宗的画像前往契丹，辽道宗获得宋真宗和宋仁宗的画像后，特地把宋朝二帝的御容移送到庆州供奉起来。[1]

庆州属上京道，治所在察罕城（今内蒙古巴林右旗西北察干木伦河源的白塔子），辽圣宗曾经驻跸庆州境内的庆云山，见此地风光秀丽，十分喜爱，对同行的大臣说道："吾万岁后，当葬此。"后来其子辽兴宗即位后，遵照圣宗的遗命，将其安葬于此，并在这里修建了圣宗的陵墓——永庆陵。为祭祀辽圣宗，兴宗还在永庆陵附近修建了一座御容殿，应该就是专门供奉辽圣宗画像并举

---

[1]（宋）叶隆礼：《契丹国志》卷九，上海古籍出版社1985年版，第88页。

行祭奠仪式的地方。[1]

开启宋辽两国百年和好的澶渊之盟，就是辽圣宗和宋真宗一起缔结的，两国皇帝也第一次约为兄弟，可以说，宋辽关系史上最具有划时代意义的一对兄弟，就是他们二人了。

跟辽兴宗和宋仁宗做了二十多年兄弟，却至死未能相见不同，辽圣宗与宋真宗这对兄弟，有可能是见过面的。统和二十二年（1004）契丹大举南下，辽圣宗跟随承天太后萧氏随军南下，《辽史》记载，当年十一月壬申日（二十二日），辽圣宗进抵澶渊城下，当日契丹统军大将萧挞凛（宋朝常见译名为"萧挞览"）被宋军的床弩命中，当场毙命，宋军因此士气大振。[2]

宋朝方面的史料则显示，四天之后的丙子日（二十六日），号称"亲征"的宋真宗，在宰相寇準、禁军大将高琼的簇拥下，北上进驻澶州，登上了澶州北城的门楼。这是宋人眼中真宗一生中最高光的时刻。当然，真宗自己的真实感受也许刚刚相反，事后回想起这次以万乘之尊被迫亲涉险地的窘境，他是不寒而栗的。代表皇帝亲临的黄龙旗在城楼上迎风飘扬，城下的宋军将士见到黄旗招展，"皆呼万岁，声闻数十里"。

宋真宗出现在澶州城头的举动，使宋军"气势百倍"，而契丹军士却大受震动，"相视怖骇"，契丹人被宋军的气势震慑住了，就此打消了与宋军硬拼的念头。[3]事后双方开始了议和的接触，并

[1]（元）脱脱等：《辽史》卷三七，中华书局2016年版，第502页。

[2]（元）脱脱等：《辽史》卷一四，中华书局2016年版，第174页。

[3]（宋）李焘：《续资治通鉴长编》卷五八，中华书局2004年版，第1287页。

在次月达成了著名的澶渊之盟。当然，澶渊之盟的达成，是由双方的使节往还实现的，辽圣宗与宋真宗并没有过正式的会晤。但结合宋辽双方的史料，可以肯定地说，当十一月二十六日宋真宗登上澶州北城门楼之际，辽圣宗正在澶州城外契丹的围城大军之中，他应当是可以远远地一睹宋真宗的风采的。

这可能是宋辽两国皇帝第一次，也是唯一的一次见面。

辽圣宗与宋真宗既然有此渊源，则不难理解，他的孙子辽道宗为什么会在得到宋真宗的画像以后，将真宗的御容移送到庆州安置了。《契丹国志》的记载补充了重熙二十四年（1055）那次契丹使臣请求宋仁宗画像的细节，当时辽兴宗以其父皇辽圣宗和自己的画像一共两轴命使者带往开封，想以己方二帝的画像换取宋朝真宗和仁宗两位皇帝的画像，并对宋人说："两国皇帝一直想见上一面而不可得，所以来请求贵国皇帝的画像，满足见上一面的心愿"。[1]

宋真宗的画像，应该是被安放到了庆州永庆陵辽圣宗的御容殿中，让这两位宋辽之间的第一对"兄弟皇帝"，在九泉之下能够正式相见。庆州的永庆陵建筑规模应该相当可观，为了给辽圣宗守陵，契丹朝廷在这里设置了"蕃、汉守陵三千户"，即安排了契丹人、汉人在内的蕃汉各族人民三千家生活在这里守卫皇陵，这些人户直接隶属于"大内都总管司"，可算是在外的宫中人。[2]

按《契丹国志》的说法，宋真宗和宋仁宗的画像被供奉在庆

---

[1]（宋）叶隆礼：《契丹国志》卷九，上海古籍出版社1985年版，第89页。

[2]（元）脱脱等：《辽史》卷三七，中华书局2016年版，第502页。

州后，每天晚上都有"宫人"负责对宋真宗和宋仁宗的御容进行清洁整理，而且每逢初一、十五献上食物以为供品，最后等供食完毕之后，宫人们会登上祭台，将供品烧掉，契丹人把这样的祭祀活动称之为"烧饭"。据说"烧饭"之祭，是契丹人用来祭祀上天和祖宗的礼仪，而宋真宗和宋仁宗的画像能够得到如此待遇，足见契丹人对大宋皇帝的由衷敬重。[1]

当然，在宋人的笔下，契丹皇帝对宋仁宗画像的供奉和敬重，并非是对"画作"本身的看重，而是对宋仁宗"为君之道"的敬服。《邵氏闻见录》记载，辽道宗在元祐年间（1086—1094）曾对宋朝的使臣说："寡人年轻的时候，对待贵国多有礼数不周之处，但却得到你们的仁宗皇帝加意优容（还把他的画像赠送予我），深感无以为报。自从仁宗升天之后，我大辽供奉仁宗的画像，礼数就跟对我朝自己的祖宗一样。"说完之后，辽道宗还大哭了起来。辽道宗还给宋使讲了自己年轻时的一段往事。原来辽道宗当太子的时候，曾经混在契丹入宋的使团之中，打算到宋朝皇宫来个微服潜行，但这事儿被宋朝边境重镇雄州的谍报机构提前侦知并上报给了宋仁宗。

辽道宗随使团入宋之后，宋仁宗不但没有怪罪他的无礼，反而把他"召入禁中"，而且仁宗本人和皇后还一起热情地招待了辽道宗。临别之际，仁宗还安抚他道："朕和你是一家人啊，以后你当了皇帝，一定要时时刻刻想着两国的盟好关系，心里要装着天

---

[1]（宋）叶隆礼:《契丹国志》卷九，上海古籍出版社1985年版，第88—89页。

下的苍生。"[1]此时离宋仁宗去世已近三十年，辽道宗回忆起宋仁宗来还是那么激动，他的这番表演，自然让宋人感动不已。而且照此看来，宋仁宗与辽道宗也不再是隔空神交，而是在私下早就见过面的了。

这个故事太过离奇，到底有几分是真的，还真不好说。不过，要说这个故事完全是假的，也很难说，因为其中并无明显破绽。辽道宗生于景福二年（1032），在辽兴宗晚年早已成年，这时混入契丹使团来到宋廷，倒是有这个能力。虽然辽兴宗因为皇太弟耶律重元[2]的关系，使得辽道宗在即位前一直没有被正式册立为"皇太子"，但辽道宗从重熙二十一年（1052）起就以"燕赵国王""天下兵马大元帅"的身份参与朝政[3]，是事实上的皇位继承人，契丹人和宋人俗称其为太子，也无可厚非。

不过更有意思的是，如果《邵氏闻见录》所记的这个故事为真，则此前《邵氏闻见后录》所讲述的那个仁宗画像的帝王气度征服辽道宗的故事则必定是假的。因为如果辽道宗早就和宋仁宗在开封皇宫中已有一面之缘的话，那他自然不会在收到宋使送来的宋仁宗画像时，一见惊为天人，失态下拜了。如此说来，讲这两个故事的邵氏父子，必有一人在说谎。

---

[1]（宋）邵伯温：《邵氏闻见录》卷二，中华书局1983年版，第16页。

[2] 耶律重元为辽兴宗同母弟，兴宗即位之初，钦哀太后萧氏为便于专权，企图废黜兴宗拥立耶律重元为帝，幸得耶律重元揭发其阴谋，兴宗才得以保住皇位，事后兴宗封其为皇太弟，并许以千秋万岁后传位于耶律重元，造成了兴宗一朝在皇位继承人问题上的尴尬。

[3]（元）脱脱等：《辽史》卷二一，中华书局2016年版，第285页。

虽然上述的几个故事，真假难辨，但真正的问题是宋人为什么会不遗余力地在宋辽交往中去讲述宋仁宗的"御容故事"呢？事实上，对辽朝和宋朝而言，御容是否能够展现出帝王气度，真的会影响国运。宣和初年（1119），宋朝安插在辽朝的探子回报说："辽天祚帝的形貌有亡国之相。"这时朝中有一个名叫陈尧臣的画家，"善丹青"，而且特别擅长人物画，以绘画登科，出任画学学校的校长——"画学正"。宋徽宗时设置了专门培养绘画人才的"画学"，其中还设有人物画专科，招收画学生，除了兼习一些儒家经典之外，主要是培训绘画技法和气韵，当时对画学生的考核标准是"以不仿前人，而物之情态形色俱若自然，笔韵高简为工"[1]，陈尧臣能当上画学正，画技自当一流。

宰相王黼将他推荐给宋徽宗，徽宗于是交给陈尧臣一个特别的任务，让他去偷绘辽天祚帝的画像。

在王黼的安排下，陈尧臣被提拔为水部员外郎，享受"尚书"待遇，作为宋朝的使节前往辽朝。陈尧臣此行还带着两个"画学生"一起出使，作为他绘画的助手。在这个过程中，陈尧臣当然有近距离接触辽天祚帝的机会，于是"绘天祚像以归"。回到开封后，他拿着画好的辽天祚帝像去见宋徽宗，并说："天祚帝看上去就没有个皇帝的样儿，臣已经画好他的画像呈进陛下。如果从天祚帝的面相上看，辽朝亡国只在旦夕之间，请陛下赶快趁此机会出兵进攻辽朝。兼并弱小，现在正是时候。"宋徽宗听罢大喜，由

---

[1]（元）脱脱等：《宋史》卷一五七，中华书局1977年版，第3688页。

此坚定了他攻灭辽朝、收复燕云的决心，史称徽宗拿到天祚帝的画像后，"燕、云之役遂决"。[1]

好玩的是，辽天祚帝的相貌，似乎从小就缺乏王者气度。早在三十年前的元祐四年（1089），当时辽朝的皇帝还是辽道宗，而宋朝的皇帝则是宋徽宗的兄长宋哲宗。那一年苏辙权任吏部尚书，出使辽朝，庆贺辽道宗的生日。回国后他在给哲宗汇报辽朝的情况时说，"北朝皇帝"今年已六十岁，但行动如常，能吃能喝。蕃汉各族人民休养生息，人人安居乐业，群臣上下都希望辽宋两朝能够永葆和好。所以苏辙判断，"北朝皇帝若无恙，北边可保无事"。但此时苏辙心中也有一些隐忧，就是辽道宗的皇孙、事实上的皇位继承人燕王耶律延禧（即天祚帝），"骨气凡弱，瞻视不正"，看起来没啥帝王气象，纯属穿上龙袍不像太子，没法跟他的祖父比。虽然他"心似向汉"，有跟宋朝继续保持和好关系的想法，但他当上辽朝皇帝以后，不知道能不能"弹压蕃汉，保其禄位"。[2]苏辙真是个神预言家，辽天祚帝即位后，真的是内有女真起兵造反，外有宋朝趁火打劫，的确在"蕃汉"联手下亡了国。

奇妙的是，"亡国之君"宋徽宗竟在看了辽天祚帝的画像后窃喜"对手"有"亡国之相"，而其实他自己在这方面也不遑多让。

在宋人的故事中，宋徽宗的亡国之迹，恰恰缘于其父多看了一眼另一位亡国之君李煜的画像。据说宋神宗有一次参访收藏图

[1]（宋）王明清：《挥麈录·后录》卷四，田松清点校，上海古籍出版社2012年版，第80页。

[2]（宋）苏辙：《论北朝政事大略》，《全宋文》第94册，上海辞书出版社、安徽教育出版社2006年版，第360页。

籍的秘书省，看到南唐亡国之君江南李后主的画像，见到世上还有长相如此端正雅致之人，惊为天人，"再三叹讶"。日有所思，夜有所梦，当徽宗出生的时候，神宗正好在梦中与李煜相见，李煜在徽宗出生时前来，似在暗示徽宗正是李煜的投胎转世，世人相信徽宗之所以"文采风流过李主百倍"就是因为这个缘故。[1]

这当然是后人的附会之辞，不足为信，不过其中也反映出舆论对于宋徽宗有着比较浓厚的亡国之相的想象。

辽天祚帝的长相，我们不得而知，但宋徽宗的传世御容倒是留有一些。徽宗朝是两宋绘画艺术的高峰，宫廷中有许多擅长人物画的画师，如朱渐，宣和年间奉命绘制了"六殿御容"，其"写真"之技，非但传神，简直可以"夺神"，世称不到三十岁，不要去请"朱待诏"为自己画像，因为他画得太像，恐其夺尽被画者的精气。[2]

拥有一流的宫廷画师的服务，徽宗的传世画像，可谓形神兼备。台北故宫博物院收藏的"宋徽宗御容"，徽宗以侧面示人，神态闲淡，端丽儒雅，气质上温润如玉，这大概是徽宗作为皇帝的标准像，可谓书生风采有余，而帝王霸气不足。而另一幅传世名画《听琴图》中，徽宗再次出镜，虽然也是侧面示人，但这幅画像中的徽宗，年纪稍大，已有中老年人光景，却神色凝重，目光深邃，给人以深不可测的威重感。

比起身着宋代帝王礼服正襟危坐的徽宗御容像，《听琴图》中

---

[1]（宋）张端义：《贵耳集》卷中，嘉庆十年虞山张氏照旷阁刻学津讨原本。
[2]（宋）邓椿：《画继》，人民美术出版社 1963 年版，第 78 页。

身穿道袍、闲坐弹琴的宋徽宗，明显更有帝王之气。这大概是因为，台北故宫博物院的徽宗御容，作为宋代帝后御容的标准像，应该更为"写实"，而《听琴图》中的相貌，则是徽宗给自己开了"圣王滤镜"的结果。《听琴图》的作者，现在颇有争议，但无论是否是徽宗亲笔，此画无疑都是在他亲自指导下完成的，寄托的是他的圣王理想，画中徽宗的相貌自然更有帝王之气了。

需要注意的是，在《听琴图》中，徽宗并不是想要展现自己是一个"文艺爱好者"。他在图中占据了最显眼的位置，若有所思地弹着琴，而听琴的大臣不但被他的琴音所吸引，甚至听得出神，意味着在注重文治的宋朝，皇帝终于把文化权力从士大夫的手上抢了回来。在这幅图中，以文艺才能起家的士大夫，现在竟然不得不全神贯注地欣赏起皇帝的琴技了。在这个场景中，徽宗运用自己内在散发出来的吸引力让臣下心悦诚服。他不再需要那些外在的力量，不再需要穿戴整齐的皇帝礼服去震慑群臣，他头戴小冠、道袍在身，仍然气场十足。

当然，只是在画中，他终于成功扮演了一回"内圣外王""君师合一"的三代圣王形象。因此，在徽宗看来，他在文艺上的天纵之能，正是上天赋予他可以"文致太平"的最好证明。

是的，宋徽宗也是一个有理想、有追求的皇帝，他虽然是一个昏君，却并不是只知道写字、画画的那种"傻白甜"式的昏君。

他的文艺爱好大多饱含着巨大的政治野心，在文艺天赋的加持下，他自认为已经成功地实现了"文致太平"，现在只剩下"武定乾坤"的事业了。所以，徽宗不是胸无大志的李煜，而是"低配版"的秦皇汉武，只是他的能力配不上他的野心罢了。试想一下，一个真的玩物丧志的皇帝，怎么会有勇气去联金灭辽，收复燕云呢？

令人意想不到的是，宋徽宗的悲剧命运居然是因为"偷看"了辽天祚帝的画像，在看过辽天祚帝的"尊容"后，他踌躇满志地走上了背弃宋辽百年交情的不归路，联合新兴的金朝发动了收复燕云之役。其结果当然众所周知，他的背信弃盟之举，葬送了两个王朝，也开启了宋代皇帝御容肖像颠沛流离的新故事。

古都现代化：洛阳城市更新与文化传承

张纪　孔祥晨　孔令臣

一、中国古代的古都

中国有着五千多年的悠久历史，是世界历史上绚丽璀璨的文化明珠。在几千年的发展史中，伴随着朝代更替，各具特色的文明相互碰撞融合，孕育出了很多都城。其中国都作为一个朝代政治权力的中心，代表着一个国家的兴起与灭亡。历朝历代修建巩固国都，这为现代人留下了宝贵的历史文化遗迹。

著名历史地理学家、中国古都学会创建人之一的史念海先生对我国多种类型的古都作了精细梳理与统计，在其所著的《中国古都和文化》[1]一文中，按他对古都所做定义，就广义的古都而言，自三代以下古都共有二百十七处之多。古代有著名的西安、南京、洛阳、北京"四大古都"之说，后来又有西安、南京、洛

[1]　史念海：《中国古都和文化》，中华书局 1998 年版。

阳、北京、开封、杭州、安阳、郑州"八大古都"之说。这些古都的评判标准，不仅包含都城规模大小、历经时间长短，还包含了这些都城是否具有珍贵的历史文化价值、是否对中国历史乃至人类文明发展史产生重要的影响。[1]

2018年4月，世界古都论坛拉开帷幕。经过中外多方探讨与协定，中国洛阳确定为世界古都论坛永久会址。首届世界古都论坛于2018年4月19日在河南洛阳召开。会上埃及、英国、意大利、柬埔寨、日本、韩国等二十余国代表出席，中国八大古都均派代表出席此次会议。

二、古都没落的原因

古都的选址要兼顾自然气候、环境变化、政治统治、军事防御、经济发展和社会基础等许多方面。而古都的没落，主要指的是都城经济地位和政治地位的丧失[2]，这可以从四个方面来思考。

（一）气候因素对古都的影响

在古代，农业占有重要地位，而气候的影响主要体现在农林牧副渔等方面，气候的变迁会影响都城的发展。

古都的兴起与没落与气候因素联系紧密。根据司马迁《史记》

---

[1] 朱士光：《中国百年考古学成就与中国古都学研究之思考》，《陕西师范大学学报（哲学社会科学版）》，2023年第1期。

[2] 王军：《中国古都建设与自然的变迁——长安、洛阳的兴衰》，西安建筑科技大学2000年博士论文。

一书中记载[1]，夏朝定都阳城（今河南登封），商朝定都于亳（今河南商丘），后迁都于殷（今河南安阳）等。这些都与黄河流域的气候温和、温度适宜有关。相对于北方天气寒冷或者南方天气炎热，黄河流域气候更适宜人类居住，也就更适宜政权的建立、朝代的兴起。如古都长安（今陕西西安）温湿度适中，夏无酷暑，冬无严寒，寒来暑往，四季分明，水旱灾害少。长安（今陕西西安）受盆地地形的影响，风速很小，四季都没有大风。这些气候温度条件适宜人类居住活动。

（二）经济因素对古都的影响

一个国家经济中心的转移或者丧失，会导致人口的大量迁移和政治中心的转移，使原有的都城发展受限。古都由此在历史的舞台中慢慢淡出人们的视野。从古今城市区位的差异来看，在古代交通极不便利的情况下，陆地运输主要依靠马车进行运输，这样的运输能力有限。在大宗货物的运输上，漕运相较于陆运更加便捷。古代重要的城市往往会紧邻河流而建，漕运对于古都的经济职能作用显著。以古都杭州为例，随着隋唐大运河的开通，杭州城市经济迅速发展，城市的地位提升到了新的高度，成为南方的重要都市之一。杭州是吴越国的国都，钱镠曾对杭州城进行大力改造，疏浚西湖、扩筑城墙、修建捍海塘，为杭州城市发展开拓空间。这一时期杭州区域内农业和经济也发展快速，为此后杭

---

[1]（汉）司马迁：《史记》，中华书局1982年版。

州成为古城奠定了坚实的基础。[1]

但随着古代都城运河附近常年的人类活动，生态破坏、水土流失加上在古代人们保护环境的理念还不完善，漕运环境越来越差[2]。随着造船技术越来越先进、交通越来越便利，现代经济对区位因素的需求也在发生变化。现代大宗商品的运输主要依靠海运，这是我国改革开放后东部沿海地区能够快速实现经济发展的先决条件，也是内陆城市中作为多朝古都的西安和洛阳逐渐没落的众多原因之一。

（三）政治因素对古都的影响

一个朝代的都城一般都是这个朝代的政治中心，代表着国家形象，体现着国家政权。由于都城人口数量较大，对于粮食等生活物资需求大。倘若气候环境恶化，不利于农林牧副渔发展，首都经济发展受限，政权根基不稳定，都城统治者会决策考虑是否迁都。南宋都城最开始为应天府（今河南商丘），后迁都临安府（今浙江杭州）。南方的气候特征有利于农业发展，在南宋，杭州进一步发展，成为全国的政治中心、经济中心、文化中心。这便是政治因素对古都的影响。

（四）战争因素对古都的影响

古代战争导致古都受损，人口大量死亡，劳动力丧失，生灵涂炭。在古代战争中，为了攻城成功，会利用攻城车、冲车、火

---

[1] 徐丽娟：《中国古代都城自然适应性研究——以古都长安、杭州、北京为例》，重庆大学2014年硕士论文。

[2] 陈俊志：《中晚唐五代洛阳开封地位消长对比研究——以漕运为中心》，山东大学2008年硕士论文。

攻水淹等方式突破城墙，这会造成古都大面积的破坏。[1]中国幅员辽阔，为形成规模大的战役提供了场所。加之人口数量庞大，为战争的形成提供了决定性条件。中国古代战争造成人员伤亡人数甚多。青壮年的丧生导致劳动力匮乏、粮食供应不足，影响朝代的根基和政治地位，都城也会跟着新生的政权力量重新建立，古都也随之没落。日本的京都和奈良很多古代建筑能够保留到现在，跟日本战争规模小、参与作战人员数量少、对古都破坏能力较弱、政权变迁范围有限有关[2]。

三、古都与现代化：优势与冲突

现如今古都的维护与现代化的发展存在矛盾，但这种矛盾是可以调和的。古都的现代化是非常必要的。城市的发展可以更好地促进城市环境的改善，利于弘扬民族文化，带动古都经济发展，提高城市知名度。

（一）冲突

古都与现代化之间存在的矛盾主要是发展与保护的矛盾。现在的古都城市，都面临既要保护古迹，又要顺应现代化发展的问题。在古迹上谋发展，对现代化提出了更高的要求。

首先，古都建筑较为低矮，而现代建筑是较为高耸的建筑群，

---

[1] 段战江：《中国古代的攻城术》，《百科知识》2012年第7期。

[2] 向蓓：《简述日本战国时代》，《学园》2013年第32期。

二者很多情况下会显得不协调。[1]这给现代化城市的布局规划带来了一定的难题。因此城市规划部门要协调好二者之间的关系。

其次，古都因为存在古迹的保护问题，所以古都的发展规划不能像普通城市那样灵活，要确立保护古迹为主的方针。古都所带来的文化价值与经济价值是巨大的，不能一味为了现代化的发展忽失对于古都古迹的保护。古都遗迹附近居民区还存在脏乱差等问题。

（二）优势

古都在现代化方面具有优势。首先，古都作为我国历史文明的实物载体，对古都的维护与修缮，可以让国人乃至世界更好地了解中华民族灿烂辉煌的历史。文物古迹是讲好中国故事，弘扬民族文化的活物展示，对传承民族文化、增强民族文化软实力、坚定文化自信有着不可替代的作用，这是古都独具的历史人文价值。

其次，城市现代化的过程中，为了协调经济发展与城市生态环境保护之间的关系，往往大力发展对环境影响小又能带动经济发展的第三产业，特别是旅游业。古都现代化对于第三产业的影响不可小觑，相比于第一、二产业，第三产业中的旅游业更适应当今时代的发展与人们的消费理念。古都的宣传与保护发展，能吸引海内外游客来当地参观，可以增加城市的收入来源、提供更多的就业岗位，形成一条古都旅游的经济产业链，这种经济模式

---

[1] 李准：《北京古都的现代化问题》，载《北京古都风貌与时代气息研讨会论文集》，燕山出版社2000年版，第26—30页。

下更加绿色环保。古都文旅增加的财政收入反过来可以投资城市现代化设备，调和古都的保护与城市的发展之间的矛盾，进一步促进古都现代化。[1]

同时，古都奠定了现代化城市发展的要求。古都现代化符合现代化城市指标体系的要求。现代化城市的标准概括起来应是高效、低耗、舒适、安全八个字。[2]城市环境的改善让居民生活更加舒适，城市的第三产业特别是旅游业发展更加充分，带动绿色经济与产业转型，使古都在世界上的影响力更加深远。我国首都北京作为八大古都之一，其较为完整的文物古迹吸引了海外大量游客来到北京参观，这便擦亮了北京现代化国际都市的金名片。

四、洛阳市文旅产业发展现状

洛阳位于河南省西部、黄河南岸，建于公元前十二世纪，是国务院公布的首批历史文化名城之一。洛阳因地处古洛水之北岸而得名，以洛阳为中心的河洛地区是华夏文明的重要发祥地。这里是"河图洛书"的故乡，是华夏民族的精神故乡。悠久灿烂的历史文化积淀，给洛阳留下了丰富的文化遗存和名胜古迹，为文旅产业的发展奠定了基础。

"十三五"以来，洛阳市加快实现文化旅游"三个转变"，用"快来、慢游、长留、缓出"的理念和措施，实现全景引客、全时

---

[1]　翟代清：《中国八大古都旅游业发展对比研究》，河南大学 2005 年硕士论文。

[2]　王东：《北京的现代化城市建设与文化古都保护》，《北京社会科学》2003 年第 1 期。

迎客、全民好客、全业留客。由巩固提升龙门、白马寺、关林"老三篇"向打造"东方博物馆之都"、二里头夏都遗址博物馆、隋唐洛阳城国家历史文化公园为代表的"新三篇"转变，由"门票经济"向"产业经济"转变、由"旅游城市"向"城市旅游"转变，让洛阳文化旅游业呈现良好发展态势。根据洛阳市统计局数据显示，2019 年洛阳市旅游总收入为 3147 亿元，同比增长 12.5%。其中，国内游客达到 2362 万人次，同比增长 10.8%；国际游客达到 108 万人次，同比增长 20.5%。洛阳市注重文化产业的发展，通过举办各类文化活动、扶持文化企业等方式，推动文化产业的繁荣。据统计，2019 年洛阳市文化产业增加值达到 100 亿元，同比增长 8%。

2023 年中秋、国庆假期，洛阳共计接待游客总人数 879.77 万人次，同比增长 112.67%，旅游总收入 75.05 亿元，同比增长 112.67%。整体来看，洛阳市文旅产业蓬勃发展，但发展过程中仍存在诸多问题与挑战。

五、洛阳市文旅产业发展面临的问题

洛阳市拥有丰富的文化资源，包括众多的历史文化遗产、非物质文化遗产等。然而，这些文化资源并未能充分转化为文旅产业的优势，原因主要有以下几点。

（一）文化资源开发利用不足

虽然洛阳市拥有丰富的文化资源，但在开发利用方面还存在不足。一些具有旅游价值的文化资源尚未得到有效开发，导致游客在游览过程中难以充分体验到洛阳的文化魅力。文旅产业链还不够完善，缺乏统一的规划和协调，这导致文化资源与旅游资源的整合不够紧密，影响文旅产业的发展。文化旅游产品以历史文化类为主，特色鲜明，但在一定程度上存在产品类型单一的问题。随着旅游市场的多样化需求日益显著，单一的文化旅游产品难以满足游客的个性化需求，一定程度上影响洛阳市文旅产业的发展。

（二）文旅产业发展基础薄弱

洛阳市作为中部地区的重要城市，其文旅产业发展相较于一些著名的旅游城市还有较大的差距。产业基础设施、人才队伍、政策支持等方面的不足，制约了文旅产业的发展速度和质量。洛阳市的文旅产业发展相对单一，缺乏多元化发展。尽管洛阳市在整合第三产业发展资源，大力发展租赁、现代物流、商务服务等新兴行业方面成绩显著，但仍需进一步优化产业布局，培育壮大优势产业集群。洛阳市作为老工业城市，其文旅产业发展较慢。面对新时代新征程的挑战，洛阳市需要着力筑牢实体经济基础，实现文旅产业高质量发展。人力资源存在一定程度的短缺，特别是高层次人才和技术人才的缺乏，这在某种意义上制约了洛阳市文旅产业的高质量发展。

（三）产业结构不合理

洛阳市的文旅产业结构存在一定的不合理现象，部分景区过度依赖门票收入，忽视了旅游商品的开发和销售，还有部分景区过度追求规模扩张，忽视了景区的品质提升。产业布局是各种资源和生产要素围绕产业链条在空间上的布局与配置，产业布局不合理将直接影响产业协作的效率和区域经济优势的发挥。洛阳市在产业布局上存在一定的问题，需要进一步优化。洛阳市各产业的产业结构偏离度较高，劳动力的产业分配不合理，特别是第一产业中仍存在大量富余劳动力。这些情况表明洛阳市的劳动力资源没有得到充分利用，需要进行调整。产业集群是指在某一地区内，同一行业或相关行业的企业、供应商、服务机构等在一定空间范围内集聚发展的现象。洛阳市在产业集群发展方面还需要进一步加强规划和支持。

综上所述，洛阳市文旅产业发展面临着诸多挑战。要实现文旅产业的可持续发展，洛阳市需要在文化资源开发利用、文旅产业链完善、文化旅游产品创新、产业发展基础提升等方面加大投入，提高在国内外旅游市场的竞争力。

六、制约洛阳市文旅产业发展的深层次矛盾

（一）洛阳城市定位问题

城市定位在全面深刻分析有关城市发展的重大影响因素及其作用机理、复合效应的基础上，科学地筛选城市地位的基本组成要素，合理地确定城市发展的基调、特色和策略的过程。城市定位可以分析城市的主要职能，揭示某个城市区别于其他城市本质的差别，创新个性化的发展路径，帮助城市规划者更好地利用城市的资源禀赋、区位条件、产业基础、人力资源等因素，提高城

市的知名度和美誉度，使城市获得更多的经济、政策支持。

然而洛阳市存在城市定位模糊的问题。准确的城市定位必须具备唯一性、权威性和排他性三要素。长期以来，洛阳将"千年帝都，牡丹花城"作为自己的城市定位，但西安、北京、南京、开封一系列的城市都符合"千年帝都"的标准，洛阳"牡丹花城"虽然在国内名气很大，但山东菏泽、四川彭州甚至上海的牡丹也同样闻名遐迩。因此，洛阳现有"千年帝都，牡丹花城"的城市定位不符合唯一性、权威性和排他性，模糊的城市定位无法将洛阳真正的实力和特色凸显出来。

（二）历史文化可读性强，可视性差

洛阳市作为中国历史文化名城，拥有丰富的历史文化遗产和旅游资源。然而近年来，洛阳市的文旅产业在发展过程中存在一些问题，其中最为突出的就是可读性强，可视性差。

可视性主要指的是文旅产品的直观性和吸引力，这包括了旅游目的地的自然景观、人文景观、历史遗迹等具有观赏价值的元素，以及旅游服务的质量、设施的完善程度等。可读性则主要指的是文旅产品的内涵和深度，这包括了旅游目的地的文化内涵、历史故事、艺术表现等具有解读价值的元素，以及旅游服务的专业性、知识性等。

可读性强主要体现在洛阳市的历史文化资源丰富，有着深厚的历史文化底蕴。然而，如何将这些历史文化资源转化为具有吸引力的旅游产品，使之能够被游客所接受和喜爱，是当前洛阳市文旅产业面临的一大挑战。

可视性差主要体现在洛阳市的文旅产业发展还存在一定的滞后。洛阳市现存的古代建筑与出土的顶级国家文物少之又少，部分已发掘的文化遗址未能完全开放，这些都影响了游客对洛阳市文旅产品的感知和评价。

（三）过多倚重牡丹花会

洛阳市是中国牡丹之乡，牡丹栽培历史很长，可以追溯到隋朝，鼎盛于唐朝，到了宋朝已开始享誉天下。洛阳牡丹花朵硕大，花色奇绝，品种繁多，有红、白、粉、黄、紫、蓝、绿、黑及复色九大色系一千多个品种。每年4月1日至5月10日举办的洛阳牡丹花会是观赏洛阳牡丹花的最佳花期。尽管洛阳牡丹花会取得了举世瞩目的成就，洛阳文旅产业依然面临着节会经济的制约与束缚。由于过于注重牡丹花会，洛阳市文旅产业资源发展遭遇瓶颈。

牡丹花不足以承载洛阳城市特色。国内同类主题的节庆竞争激烈，菏泽牡丹花会、彭州牡丹节、武汉东湖牡丹花会与洛阳牡丹花会同处一个旅游时段。漳州水仙节、广州花会、开封菊花展等同种类型的节庆也降低了花会对游客的吸引力。显然，在当前社会语境的掣肘下，此起彼伏的旅游节庆尽管都以弘扬地方传统文化为口号，实际上仍不脱以花为媒服务地方经济的目标，同质化竞争激烈。

花会旅游的周期性特点造成服务资源配置不合理。花会旅游以赏花为重点，而牡丹花期较短。尽管在科技工作者的努力下，洛阳成功将牡丹花会的赏花期从十多天延长到一个月左右，但其节庆旅游集中消费的特性并没有从根本上改变。洛阳围绕花会配置旅游资源，花会期间洛阳食、住、行等供给相对短缺，价格普遍上涨，服务质量跟不上，外地游客颇有微词。花会结束后，大量为花会配套的资源闲置，造成资源浪费。

七、洛阳古都文旅产业发展之路

随着时代的发展，洛阳市如何在保护古都文化的同时，实现文旅产业快速、稳固发展，成了一个亟待解决的问题。笔者在此对洛阳市发展古都文旅产业发展提出以下建议。

（一）准确把握城市定位

城市定位是一个城市发展的战略问题，它涉及一个城市的发展方向、发展目标和发展策略。洛阳市作为中国历史文化名城，有着丰富的历史文化遗产和旅游资源。对于洛阳市来说，准确把握城市定位具有重要的意义。

首先，准确的城市定位有助于洛阳市明确发展方向。在全球化的背景下，每个城市都面临着激烈的竞争。只有明确了自己的发展方向，才能在竞争中找到自己的位置，避免盲目发展。

其次，准确的城市定位有助于洛阳市制定发展策略。确定了发展方向后，洛阳市需要制定相应的发展策略来实现这个目标。例如，为了发展历史文化旅游，洛阳市可以加大对历史文化遗产保护的投入，提升旅游服务质量，吸引更多的游客。

再次，准确的城市定位有助于洛阳市吸引投资。投资者通常会选择有明确发展方向的城市进行投资。如果洛阳市能够准确把握自己的城市定位，制定出符合自身特点的发展策略，就能够吸引更多的投资者。

最后，准确的城市定位有助于洛阳市提升城市形象。一个明确的城市定位不仅能够吸引投资，也能够提升城市的形象。例如，将洛阳市定位为"华夏圣城"，可以提升洛阳市的文化形象，增加城市的知名度。

（二）加快打造博物馆之都

洛阳市作为中国历史文化名城，拥有丰富的历史文化遗产和旅游资源。近年来，洛阳市政府积极推动博物馆事业的发展，如洛阳市博物馆、隋唐大运河文化博物馆、应天门遗址博物馆、洛阳古墓博物馆等，致力于打造博物馆之都。这一举措不仅有助于保护和传承洛阳的历史文化，也有助于提升洛阳的城市形象，吸引更多的游客和投资。

首先，加快打造博物馆之都能够更好地保护和传承洛阳的历史文化。洛阳是中国历史上的十三朝古都，有着丰富的历史文化遗产。通过建设更多的博物馆，可以将这些珍贵的历史文化遗产进行科学保护和合理利用，使之得到更好的传承。

其次，加快打造博物馆之都有助于提升洛阳的城市形象。博物馆是城市的文化名片，是展示城市历史文化的重要窗口。建设更多的博物馆，可以丰富洛阳的城市文化内涵，提升洛阳的城市形象。

最后，加快打造博物馆之都有助于吸引更多的游客和投资。

随着人们生活水平的提高，文化旅游已经成为一种新的消费趋势。洛阳市丰富的历史文化遗产和众多的博物馆将吸引更多游客前来参观游览，从而带动旅游业的发展。同时，博物馆的建设也将吸引国内外的投资，推动洛阳市的经济发展。

（三）努力创造沉浸式旅游

打造沉浸式旅游需要从以下几个方面进行。

1. 丰富的历史文化资源

洛阳市作为中国历史文化名城，拥有丰富的历史文化遗产和旅游资源。这些资源包括古代建筑、历史遗址、文化艺术等。这些资源可以为游客提供丰富、真实的旅游体验。

2. 提升旅游服务质量

洛阳市可以提供优质的导游服务，让游客在游览过程中能够深入了解洛阳的历史文化。同时洛阳市可以提供优质的住宿和餐饮服务，让游客在旅途中能够得到良好的休息和享受。

3. 引入新的科技手段

洛阳市可以利用虚拟现实技术，让游客体验洛阳的历史场景；利用大数据和人工智能技术，为游客提供个性化的旅游推荐和服务。洛阳市还可以完善明堂天堂景区与隋唐洛阳城应天门的现代化构造，打造洛阳市宏伟壮丽的标志性建筑。

4. 加强旅游宣传和推广

洛阳市可以通过网络、媒体等多种渠道，向外界展示洛阳的美丽风光和深厚文化。洛阳市还可以通过举办各种旅游节庆活动，吸引国内外游客来洛阳旅游。

5. 创新旅游产品和服务

开发互动式的展览和体验活动可以让游客更深入地了解和体验洛阳的历史文化。

6. 建立完善的旅游管理体系

旅游管理体系包括旅游安全管理、旅游服务质量管理、旅游环境管理等。洛阳市可以建立完善的旅游管理体系来保证游客的旅游体验。

洛阳市需要充分利用自身的历史文化资源，提升旅游服务质量，引入新的科技手段，加强旅游宣传和推广，创新旅游产品和服务，以及建立完善的旅游管理体系。

总之，洛阳市在追求文旅产业发展的道路上，需要在基础设施建设、文化资源挖掘、产业结构调整、改革开放和人才培养等方面下功夫，全面提升城市的综合实力和竞争力。只有这样，洛阳市才能在新时代焕发出更加璀璨的光彩。

古都现代化转型特征及建议

王建国

古都，从字面上理解，是指古代王朝政治、经济、文化的中心，它是古代王朝皇权最为集中的地方，也是商贸、交通最为发达和便利的地方。现在看来，称得上古都的历史文化名城应该具备建都时间久、建都规模大、留存古迹多、发掘文物多、城市文化厚重等多个条件。推进古都现代化转型需要首先深化对古都的认识、加强古都现代化转型特征和规律的探索，并采取相应的必要措施。

一、古都现代化的内涵和实质

推进古都现代化转型是我国社会主义现代化建设的重要组成部分。推进古都现代化转型发展，要求我们必须把握古都现代化的实质，处理好古都历史文化保护和城市现代化建设的关系。

第一，古都现代化的实质是发展问题。古都的现代化，实际上是古都的保护、开发、建设和发展问题。在古都历史文化遗产保护的基础上，有关部门通过资源的开发利用、大规模的投资建设，推动城市经济快速发展，实现古都全面的现代化目标，呈现出古都历史文化传统与现代时尚生活气息有机交融的美好景象。

按照联合国城市现代化的标准，一般来说，现代化城市需要具备以下条件：良好的生态环境、良好的生活环境、合理的经济结构和产业结构、完善的市政公用设施系统、配套齐全的社会服务设施系统、便捷的城市综合交通体系、结构合理的城市绿化系统、完善的城市防灾设施。此外，现代化城市需要正确处理古都历史保护和现代城市发展之间的关系，即处理好城市历史传统继承、文化遗产保护和城市现代化建设的关系。由此看古都的现代化应该是综合的、全方位的，不仅包括 GDP、工业增加值、财政收入、路网密度、汽车拥有量、土地容积率等经济指标，还应该包括历史文化遗产的存量、环境质量、文化氛围、人的素质等诸多非经济指标。所以，古都现代化不仅仅在于古都这座城是保是留、是改是建，保什么留什么，改什么建什么的问题，它更是在古都"留保改建"、去其历史文化糟粕取其精华的基础上，推动经济发展、促进社会进步、增进民生福祉的问题。这说明了古都现代化的前提是要保护传承创新传统文化。其根本基础则在于发展经济。没有经济的发展和支撑，古都的"留保改建"的前提是得不到保障的，社会进步、民生改善更将无从谈起。

第二，古都现代化要处理好保护和发展的关系。实际上，古都现代化建设与一般现代城市的现代化是不同的，古都源远流长的历史和底蕴厚重的灿烂文化决定了古都的现代化必然是今与古的对接、现实与历史的拼接、时尚与传统的承接、现代文明与古代文明的衔接以及现代观念精神与历史文化精华的融合。

换句话说，古都如何在科学有效保护、合理高效开发、可持续高质量利用历史文化资源，以及保护弘扬优秀传统文化的基础上，优化古都空间布局，妥善安排经济发展空间，大力发展经济。古都如何增加基础设施数量、提升公共服务质量，有效增加绿色空间和生活空间，解决大规模城镇化进程中人的全面现代化需求，这些都是古都现代化需要考虑的问题。

在古都现代化转型的过程中，传统文化与现代文明、旧意识与新观念的冲撞，以及古都老基础与新建设、老面貌与新气息、老空间与新职能、老古都纹理与新城市秩序、老生产生活与新方式方法的协调协同与交融，使得古都这棵老树长新芽、开新花、结新果。

第三，推进古都现代化要以保护为前提。在古都的现代化转型过程中，处理好保护与开发的关系，关键在于解决好保的问题，弄明白保要保什么，保要怎么保。只有这样，才能保障古都现代化建设推进的科学性、合理性以及可持续性。

那么，古都保什么？一般分宏观、中观和微观三个层面。宏观上要保古都风貌，包括古都的风俗、风情和风格；中观上要保护整体展现古都风貌的主要历史文化街区、历史文化片区；微观上要保护散落在古都不同区域的古建筑、古墓葬、古遗址、石刻雕画、名人故居和近现代有纪念意义的建筑物等文物古迹。那么，古都怎么保，各国有不同的做法，比如英国专门立法对城市古建

筑进行分类登记，按照类别实施不同层级的保护、开发和利用，
与此同时，建筑物周边的资源开发和环境保护也是有差别的。这
就明确了古城以及古城的不同建筑保什么和怎么保的问题，相应
也明确了古城及其不同区块怎么开发、多大强度开发、开发什么
的问题。实际上，我们立足"保"这个前提，就可以解决建设和
发展这一古都现代化的核心问题。

二、古都现代化转型的特征

在古都现代化的进程中，由于文化背景的差异、社会制度的
不同、思想观念的区别、发展思路的分歧，各个地方的古都现代
化转型呈现出不同的特征，主要体现为以下几个方面。

第一，古都现代化转型的阶段特征。一般来讲，古都的现代
化转型是一个较长的过程，这一过程也是对古都保护和现代化发
展相互关系的认识、实践的过程，普遍表现为由重发展轻保护到
保护、发展二者并重再到更重视保护的特点。在这一过程的前期
阶段，由于生产力落后、人民生活水平低下，社会的主要矛盾是
解决物质需求问题，所以，古都的现代化更加重视经济的发展、
产业的布局和基础设施的建设等，会占用更多的城市空间，甚至
不惜拆除古都建筑、毁坏文物古迹。但随着经济的发展、人民生
活水平的提高、居民消费层次的升级，社会大众需求更多转向精
神文化方面，历史文化得到重视，文物古迹得到重视和保护。讲
好"古都故事"，可以推动古都文化创新和文旅文创融合发展，实

现古都文化资源创造性转化以及古都的现代化转型发展。当然，在这个过程中好的方面是产业的发展为古都的现代化转型夯实了基础，遗憾的是古都风貌在一定程度上变得不完整甚至遭到灾难性破坏。

西方相对会更加重视古都整体的保护，在相当程度上能够更加科学合理地处理古都遗迹保护与城市现代化建设的关系。如法国采取国家立法与地方立法充分结合的方式。英国对古迹、保护区、历史古城等不同层次的保护对象，实施分类保护管理，在保护古都的基础上利用有效空间进行现代化建设。东方相对更加重视现代化建设，古都风貌相对也更加不完整。

第二，古都现代化转型的空间特征。古都现代化转型的前期，古都保护与城市现代化建设相互交融，生产建设占用较多古都空间，生产生活设施与古都文物遗迹交叉布局。后期则表现为古都保护与卫星城发展经济格局。

古城现代化有三种类型：一是古城完整保护与现代化建设相隔离的格局，也就是古都保护和产业发展分开运行，一般是以古城为核心向周边拓展生产生活空间，或者在古城的一个方向延展生产生活空间。大规模生产不受古都保护的限制，生产生活设施甚至也不受古都风貌的影响。新城可以是现代化的时尚格调，与古城古都的古朴相得益彰，如平遥、丽江等。二是古城格局保护与城市片区化建设的格局，也即保护古城的若干主要历史街区，其他区域则着重布局产业，推动经济发展，形成古城历史风貌与现代化建设的区块化交融，如扬州、苏州等名城。三是古城重点文物保护与城市现代化建设一体化的格局，主要是对分散在古城不同区域的重点文物实施保护，更多的空间资源用于开发建设和产业布局，支撑现代化建设，形成古城文物与现代化建设的点状化和谐相处一体化格局，如沈阳、南昌、长沙等。

第三，古都现代化转型的进程特征。纵观世界古都的现代化转型，其发展进程是不一样的，现代化的实现程度也是不一样的。一般来讲沿海的古都由于城市现代化转型快、现代化程度高，古城的质朴与现代化气质和谐交融，相映成趣。而内陆地区现代化转型相对较慢，缺乏现代化气息。

第四，古都现代化转型的调节机制特征，集中体现为市场调节和政府干预在古都现代化转型中的地位和作用不同。一般来讲，资本主义国家古都的现代化转型更多受到市场机制的调控，行业协会等民间组织发挥更大的作用。而社会主义国家古都的现代化转型受到政府宏观调控的作用更大，这是由社会经济体制决定的。调节机制的不同无疑会对古都转型过程中保护与开发的关系产生深刻影响，直接影响古都的现代化转型。

第五，古都现代化的战略导向特征。古都现代化是需要实体经济支撑的，没有实体经济尤其是工业经济的支撑难以实现现代化转型。在古都的现代化转型实践中，城市发展战略的不同会对古都的现代化转型发展产生重大影响。如旅游立市战略与工业立市战略，不仅直接影响古都保护和开发的关系的处理，更直接影响了古都的现代化转型发展。

三、推进古都现代化转型的若干建议

古都现代化转型的影响因素是多元的，不同区域的现代化转型也体现出不同的特征。推进古都现代化转型要立足实际、顺应规律，广泛借鉴先进做法和有益经验，全方位采取有力措施。

第一，以人的思想观念转化为导向。古都现代化，人是主体因素、是根本推动力量。推进古都的现代化转型发展，首先需要破解"皇城根文化"的思想束缚和优越感桎梏，需要克服不思进取、小富即安的思想，需要人们从根本上实现思想观念转化。只有思想解放了、观念跟上时代了、意识立于潮头了，古都现代化转型才可以获得强大的原生动力，才可以真正开启古都现代化转型发展的新征程。

第二，以历史文化保护与现代化发展的一体化规划为引领。推进古都的现代化转型发展要以规划为引领，必须以保护为前提，这就要求古都的现代化转型发展要与古都的文物古迹保护、文化传承创新一体化规划，既要坚持古都的文化保护，又要充分考虑古都的现代化转型发展。可以考虑立足长远做一个二者一体化发展的长远规划，明确古都发展的总体要求、功能定位、基本原则、空间布局、分阶段发展目标、分阶段重点任务，以及保障措施。在总体规划框架下，各部门分别编制保护、开发、建设、发展等具体规划，以规划引领古都的现代化转型发展。

第三，更好发挥市场调节和政府宏观调控的作用。推进古都现代化转型要充分发挥社会主义市场机制的调控作用，也就是发挥市场机制的决定作用和政府宏观调控的作用。在实践中，政府和市场按照各自的职能定位，各司其职、各负其责、相互补台，既不越位也不错位更不能缺位。古都发展的重大战略、基本定位、发展原则、保障性制度、支持政策和良好环境等由政府予以调控和创造，发展中的资金筹措、资源配置、具体运作、利益分配等则由市场机制决定，从而形成最大合力，二者共同推动古都现代化转型发展。

第四，以大力发展实体经济和现代产业为支撑。推进古都的现代化转型发展，仅仅满足于过去、自豪于传统是远远不够的，也失之偏颇。推进古都的现代化转型发展，还必须依靠实体经济、现代产业的发展。所以在推进古都现代化转型实践中，在保护的基础上，还必须整合资源，包括土地、人才、资金、技术、文化等资源，大力发展以工业为基础、以现代产业为核心、以未来产业为导向的实体经济，以强大的实体经济支撑古都的现代化转型发展。

第五，以推动文旅文创融合发展为特色。历史遗迹资源丰富、文化底蕴厚重是古都最大的优势。有关部门在推进古都现代化转型发展的过程中，要充分发挥优势、彰显特色，通过文物古迹和重大遗址的开发利用，实现传统文化的创造性转化、创新性发展。同时，有关部门要发挥文创的作用，通过媒体声画传播、产品开发销售、现场实景表演等多种形式讲好古都故事，带动住宿、餐饮、销售等行业发展。

第六，以现代科技赋能古都现代化发展为手段。推动古都现代化转型发展，要坚持以高质量发展为主题，以创新驱动为引领，以现代科技为手段，赋能古都现代化高质量转型发展。为此，要充分发挥科学技术作为第一生产力的作用，大力运用现代信息技术以及新材料、新工艺、新方法、新理念，推动古都的保护、开发、建设和发展，大幅提高古都开发和建设的科技含量，使古都发展融入更多现代元素，使古都的古典美与现代美有机结合，焕发古都青春活力。

古都的现代化能够偏离城市现代化的路径吗？

张良悦

河南文化产业的发展上总体上有两种思路：一种是文化学者的观点，认为河南在文化产业的发展上具有资源的绝对优势，应大力发展文化产业并由此驱动河南现代化的转型，将文化产业作为一个战略性产业或者支柱产业；另一种是经济学者的观点，认为文化产业不同于文化保护与传承，是基于社会分工基础上文化资源的产业化，必须具有工业化的坚实基础，不能任意拔高，需要遵循经济和产业发展规律。与此相应，古都的现代化也出现文化产业主导的现代化、工业化主导的现代化两种不同的路径。

一、现代化的概念

（一）现代化的概念

现代化是指十八世纪工业革命以来人类社会所发生的深刻变化，包括从传统社会向现代社会、传统经济向现代经济、传统政治向现代政治、传统文明向现代文明转变的社会变革过程和状态。可以这样理解，现代化是伴随着工业化而呈现的社会文明的进步，是对工业化生产方式主导的人类社会文明的概括与诠释。从发展的进程看，既有完成状态，即现代化的成果，更有进行状态和将来状态，即现代化持续进行的过程。这是一个漫长的过程，目前经历了农业文明向工业文明的转变、工业文明向知识文明的转变两个阶段。

不同国家的现代化是不同步的，其过程是非线性的，方式是多样化的，但是其根本的动力一定是工业化的产业革命。所以，对现代文明的理解离不开工业化，例如，前工业化社会、工业化社会、后工业化社会，前现代化、现代化、后现代化。随着第三次产业革命的到来，工业化由制造技术向信息技术的转变，社会就由现代化社会进入了后现代化社会。后现代化社会实际上是指在工业化发展基础上人类社会形态的再次适应与变化，即在工业化基础上的再现代化。但是，无论现代化如何演进，从本质上看，物质现代化、制度现代化、理念现代化是其基本的内核。

（二）中国式现代化

中国式现代化是人口规模巨大的现代化，是全体人民共同富裕的现代化，是物质文明和精神文明相协调的现代化，是人与自然和谐共生的现代化，是走和平发展道路的现代化。

中国式现代化的本质要求是坚持中国共产党领导，坚持中国特色社会主义，实现高质量发展，发展全过程人民民主，丰富人民精神世界，实现全体人民共同富裕，促进人与自然和谐共生，推动构建人类命运共同体，创造人类文明新形态。

二、城市现代化、动力驱动与边界

（一）前工业化社会城市的功能与边界

前工业化社会城市的功能主要是由国家治理的需要决定的，城市的主要功能包括政治功能、军事功能、居住功能、经济功能。

农耕社会的经济重心在农村，不在城市，所以城市发展的动力不是经济，而是政治军事功能的需要。手工业和贸易的发展带来集镇的发展与繁荣，并不能促进城市的发展。

城市政治军事功能的大小决定了官僚机构、公务人员、军队数量以及与此相适应的家庭、社会分工的规模。一般来说，不同等级的城市规模不一样，县城、州府、行省、首都逐渐呈扩大之势。

（二）现代城市的功能与边界

1. 现代城市发展的驱动力

现代城市发展的动力是经济驱动，城市具有集聚效应，能够节约成本，带来外部规模经济。集聚效应带来社会分工的扩大与加速发展，扩大市场范围；集聚效应可以使不同的企业共享公共产品，比如技术工人；集聚效应还促进竞争推动创新。集聚效应极大地提高了资源的利用效率，使分工与市场相互促进，一定程度上缓解了"斯密悖论"，带来工业化的加速发。

2. 现代城市的功能分区

在集聚效应的驱动下城市规模不断扩张，由此可见，现代城市是经济发展的空间场所，在此基础上呈现出繁荣的社会组织功能。随着城市的扩张必然会出现城市的管理问题。因为工业化表现为社会分工与协作，所以，基于工业化基础之上的现代城市治理也具备功能分区的特征。城市化的功能一般分为生产功能、社会功能、居住功能、自然功能、文化功能。相应地，就会出现产业集聚区或者说工业园区、政府管理区域、商业贸易区域、居民社区区域、生态保护区域与文化娱乐区域。

3. 现代城市的边界

理论上，边际集聚效应决定城市边界。城市的扩张与功能分区的扩大在带来集聚效应的同时，也带来了交通成本。当二者相等时，城市就不再扩张。这就是说，城市的发展是由内在的因素决定的，集聚效应越强，扩散效应越大；集聚效应越弱，扩散效应越小。

4. 城市的融资功能与城市的边界

城市在集聚和扩散时，一个重要的决定因素是城市公共产品和要素共享的解决。要素共享包括对技术、资本、人力的共享，没有充裕的资本、技术是不可能扩张的，没有足够的就业岗位是无法扩大对劳动力规模的共享的。公共产品的提供包括教育、医疗、道路、供水、供电、供能、污水处理、垃圾处理、生态环境、社会保障等。政府提供这些公共产品需要大量的资金，完全付费是行不通的，因为有些人是支付不起的。负债必须基于未来现金流的正常回流保障债务的偿还，是有风险和一定额度的。税收应该是最基础的，财产税是比较稳定可行性的一种税种，但在现代经济环境下，单靠财产税也是不可支撑的。所以，最终还是必须放在产业的发展上。而在产业的发展上，制造业能够带来丰厚的税收，因为制造业全要素生产率较高，提供了很好的税基。

三、现实中古都现代化的两种路径

（一）文化产业主导的古都现代化

1. 资源禀赋的理论基础

河南具有文化资源的优势，大力发展文化产业具有可行性。在新发展理念下，文化产业属于低碳产业，契合绿色发展理念，是高质量发展的产业形态，符合国家产业发展要求。据此，形成古迹即文物，文物即文化，文化变资源，资源变产业，产业兴城市的发展理念。

2. 成功范例形成可移植的发展经验

无论是东部发达地区，还是中西部发展中地区，无论是古都，还是非古都城市，无论是大城市，还是小城镇，都不乏成功的案例。例如，东部的古镇周庄、乌镇，西部的大唐芙蓉园、平遥古县城等，都是文旅主导的产业。改革开放以来，外向型经济和国外直接投资从试点城市到东部沿海地区再到全国各地，基本形成了加工组装与产业转移的移植模式，既然成功的加工业和商贸业经验很容易模仿，文化产业也应该如此，可以通过成功案例模仿获得成功。

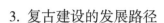

3. 复古建设的发展路径

文旅产业是一种体验性产品，因此要形成服务供给，首先是将有价值的文化遗产按原址仿古复原，然后围绕仿古建筑打造商业环境，培育产业链条，形成产业集群。

（二）工业化基础上的文化产业

1. 文化产业是一种体验型产品

文化娱乐产品是满足人们精神生活需要的产品，是一种典型的体验性产品，包括无形的和有形的，如影视、戏曲、体育等方面有形和无形的服务产品。文物遗迹与非物质文化能够开阔人们的眼界，满足人们的精神需求，是文化产业的重要内容。

2. 文化产业发展必须遵循发展规律

按照克拉克定律：三次产业的发展是随着工业化的发展，第一产业在国内生产总值中的比重逐渐降低，第二产业的比重先增加，达到一定的水平之后也呈下降趋势，第三产业的比重则一直上升。相应地，劳动力先从第一产业转移至第二产业，然后再转移至第三产业。

为什么第二产业的发展会导致第一产业占比的下降，第三产业占比的增加？主要是第二产业中的制造业大幅提高生产力，并向第一产业、第三产业提供物质基础。制造业的生产率最高，服务业的生产率最低，所以，制造业是工业化的关键，它既能够通过生产率的提高增加人均收入，又能为第三产业发展提供物质技术支撑。制造业是分工发展、技术创新、竞争驱动、协作治理的源泉，特别是在零部件分工的模式下，形成产业链、价值链、供应链、创新链融合发展的模式。服务业包括生产性服务业和生活性服务业。生产性服务业是从制造业中分离出来的，如仓储、物流或者说是供应链。生活性服务业包括各种消费、文化、娱乐、体验等产业。生活性服务业不创造物质财富，只提供消费服务。

3. 产业优化升级的发展路径

文化产业属于第三产业，其发展一定要遵循第一产业、第二产业、第三产业的发展顺序，不能同时并重，更不能逆向发展。古都的现代化也只能是工业化（制造业）基础上的现代化，而不是服务业驱动的现代化。

（三）文化产业发展及古都现代化需要考虑的几个问题

1. 文化产业消费的特征

（1）体验性消费，具有很强的体验性与先进入者独占效应。体验性商品是指消费者只有亲身消费体验才能判断商品性能与价值的商品。在这种情况下，消费者之间的信息交流是最好的广告效应。另一方面，具有先进入者独占和赢者通吃的市场效应，这就需要跟进者的产品具有更强的竞争力。

（2）奢侈性消费，需要高收入群体支撑。文旅产品是一种休闲产品，是奢侈品，只有高收入群体才能支撑。所以，在市场定位时，一定要找准群体，做好预期。

（3）外向性消费，主要靠外部市场消费。文旅消费重要的一定是在外部，而不是本区域。

（4）需要前期大规模投入。这种投入包括项目或景观本身，也包括生态环境的投入。

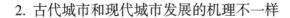

2. 古代城市和现代城市发展的机理不一样

古代城市的主要功能是封闭性的。现代城市的主要功能是经济发展空间，是产业或要素集聚的结果，是开放性的。如果按照古都或古代的原貌进行文化复古，除了文旅消费之外，其他的经济功能是什么？对其提供的公共产品能否做到投入与产出的平衡？

3. 现代城市的融资机制及风险处置

现代城市的发展是内生驱动的，即经济增长驱动，城市的空间扩张和市区内公共产品的供给与福利水平的提高需要良性的城市融资机制。融资机制一般包括税收、负债与消费者付费。

四、全国古都城市文化产业发展比较

古都主要集中在北京、江苏省、浙江省、陕西省、河南省，我们以第三产业中包含文化产业在内的其他产业发展情况为指标，简要比较一下各省的文化产业的发展情况。北京、上海、广州是现代化都市的代表，因而把上海和广州加入进行比较。因为四川省虽然也是一个农业大省，但在西部文旅产业中具有典型性，可以和河南省做一个对比。

（一）八省文化产业发展的情况

从 2021 年广东、江苏、浙江等八个省份的第三产业总量及第三产业的占比情况来看，在总量上，广东、江苏、浙江总量高，但是其第三产业占比却不突出，不比河南、陕西、四川占比高多少。反观北京、上海两个直辖市第三产业占比远高于其他省份。

（二）河南省文化产业的快速发展

河南在第三产业的发展上制定了文化产业偏向战略，或者说优先战略，同时也没有忽视工业化的发展，古都的现代化仍然放在了工业基础上。河南与四川相比，四川的文化产业占比高于河南，说明，即使不是古文化或古都，如果有文化资源比较优势，也能够促进文化产业的发展。

进一步分析，河南省第二产业发展中，建筑业占比呈上升之势，工业或制造业占比呈下降之势，说明制造业基础优势并不牢固。在第三产业的赶超中，文化产业呈上升趋势，非文化产业呈下降趋势，进一步说明河南省工业化的基础还有待进一步加强。

五、安阳市文化形成带来的发展后果

（一）安阳市文化资源形成的过程

安阳市经济发展处于转型升级过程中，在无法有效推动产业升级优化的情况下，实际上形成了一个文化发展替代战略，而且这一战略越来越明显，并有成为支柱产业之势。这一局面有其客观因素和主观因素。客观上，传统产业转型发展困难，陷入困境，新兴产业缺少发展环境，无法升级，经济发展缺少驱动力。主观上，改革开放以来，外向型经济和国外直接投资从试点城市到东部沿海地区再到全国大地，基本形成了加工组装与产业转移的移植模式，部分城市认为成功的经验很容易模仿。在这样的认识下，部分城市不考虑本区域的具体情况，在个别城市获取丰厚回报之后就极力模仿，并认为自身在文化资源上更有优势，于是便形成古迹即文物，文物即文化，文化变资源，资源变产业，产业兴城市的发展理念。文化产业是一种低投入、高回报的产业，同时也是一种经济效益与社会效益双赢、间接经济效益大于直接经济效益的产业。在去产能、调结构、转方式的影响下，工业经济运行比较难，下行压力加大。大力发展文化产业是提振安阳城市经济社会发展的重要途径。我们有机遇、有优势、有资源、有发展基础，条件得天独厚，机遇难得，前景广阔。有关部门要充分发挥安阳历史文化名城优势，大力构建城市文化产业集群，塑造安阳文化格局。

（二）安阳市文化产业发展战略

一城四园的发展战略，一城指安阳是国家历史文化名城，四园是指殷商文化产业园、周易文化产业园、曹魏文化产业园、综合创意文化产业园。

1. 殷商文化产业园

有关部门可以借鉴西安大明宫遗址公园经验，以殷商国家遗址公园为依托，以殷墟遗址保护改造和展示殷商文化为特色，整合现有殷墟、洹水公园、袁林、文字博物馆以及殷墟周边商文化资源，统筹策划、打造殷商文化产业园。

2. 周易文化产业园

有关部门可以建成集周易文化学习、研究、应用和体验为一体的大型主题文化产业园，成为中原文化旅游新标杆、国学文化复兴高低、世界周文化的朝觐胜地。

3. 曹魏文化产业园

有关部门可以借助曹魏文化、邺城文化丰富的文化旅游资源，打造以曹操高陵大遗址公园为龙头，包括曹操高陵博物馆、遗址公园、三国文化影视城等，建成以曹魏文化、邺文化、建安文化为特色的集考古、展示、交流、观光、休闲、度假为一体的产业园。

4. 综合创意文化产业园

有关部门可以依托房地产开发，形成集文化创意、观光休闲、现代商贸、教育科技、健康养生、特色餐饮为一体的豫北地区综合性创意文化产业园。

（四）文化产业发展的结果

2009 年安阳市确定文化产业战略之后，经济总量占河南省的比重逐步下降。安阳市文化产业无论是占生产总值的比重，还是第三产业的比重，与郑州、洛阳、开封相比较，都有很大的差距。

五、结论与建议

（一）现代化有其客观规律与路径依赖

文化产业和古都的现代化必须依据经济的现代化规律顺势而为，即使是具有垄断资源的城市与文化，也不可能完全偏离。

（二）文化传承不等于文化产业

文化传承是对文化的保护，需要净投入；文化产业是基于文化资源的开发，是商业化的经营，是投入产出，必须考虑资本回

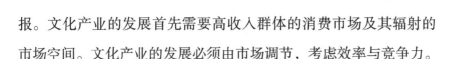

报。文化产业的发展首先需要高收入群体的消费市场及其辐射的市场空间。文化产业的发展必须由市场调节，考虑效率与竞争力。

（三）文化产业能否作为战略性产业或支柱性产业

文化、娱乐、休闲等产业本来是再分配型产业，通过带动大规模的就业进行再分配。如果一个区域或一个城市以文化产业为主导产业，能够形成产业集群，并带来丰厚的利润和财富，也可以作为支柱产业。但如果发展文化产业，不能带来大量的就业，不能保障投资的回报率，反而需要政府大量的投资。这就不是文化产业，而是文化保护。

图书在版编目（CIP）数据

世界文化遗产与古都现代化转型 / 王国平总主编.

杭州 : 浙江大学出版社，2024. 7. --ISBN 978-7-308

-25263-8

Ⅰ. K295.51-53

中国国家版本馆CIP数据核字第2024U8Z309号

世界文化遗产与古都现代转型

王国平　总主编

杭州国际城市学研究中心（杭州研究院）/杭州南宋文化研究院　编

责任编辑	宋旭华
文字编辑	姜泽彬
责任校对	吴　庆
封面设计	项梦怡
出版发行	浙江大学出版社
	（杭州市天目山路148号　　邮政编码310007）
	（网址：http://www.zjupress.com）
排　　版	杭州林智广告有限公司
印　　刷	广东虎彩云印刷有限公司绍兴分公司
开　　本	710mm×1000mm　1/16
印　　张	14.25
字　　数	193千
版 印 次	2024年7月第1版　2024年7月第1次印刷
书　　号	ISBN 978-7-308-25263-8
定　　价	98.00元